PANDORE.

ESSAI

SUR

LE CARACTERE, LES MŒURS

ET L'ESPRIT

DES FEMMES

DANS LES DIFFÉRENS SIECLES.

PAR M. THOMAS,

DE L'ACADÉMIE FRANÇOISE.

Duchesse

A PARIS,

Chez MOUTARD, Libraire de Madame
LA DAUPHINE, rue du Hurepoix, à
S. Ambroise.

M. DCC. LXXII.

Avec Approbation, & Privilége du Roi.

FÉNELON a écrit sur l'éducation
des femmes ; d'autres Ecrivains plus
ou moins célébres ont traité après lui
le méme sujet ; & peut-étre y auroit-il
encore un Ouvrage nouveau à faire
sur cet objet, un des plus négligés &
des plus utiles. Ce n'est point ici le
but qu'on se propose ; mais on offre
un tableau historique , & comme un
résultat de faits & d'expériences qui
peut servir de base à un ouvrage de
raisonnement. On verra par-là peut-
étre que les femmes sont susceptibles
de toutes les qualités, que la religion,
la politique , ou le gouvernement vou-
droient leur donner.

Ce morceau qu'on peut regarder comme faisant partie de l'Histoire des mœurs, est détaché d'un ouvrage plus considérable qui n'a point
encore paru , & où l'on examine l'usage ou l'abus que l'on a fait de la louan-
ge dans tous les siècles. Par une suite

de ce plan, on cherchoit les divers genres de mérite qui ont distingué les femmes les plus célébrées dans les différentes époques de l'histoire ; & à cette occasion on parloit quelquefois des éloges qui en ont été faits.

Quelques personnes ont paru desirer que ce morceau fût détaché du reste : & on le donne ici séparément.

ESSAI

SUR

LE CARACTERE, LES MŒURS

ET L'ESPRIT

DES FEMMES

DANS LES DIFFÉRENS SIECLES.

Si l'on parcourt les pays & les siècles, on verra presque par-tout les femmes adorées & opprimées. L'homme qui jamais n'a manqué une occasion d'abuser de sa force, en rendant hommage à leur beauté, s'est par tout prévalu de leur foiblesse. Il a été tout à la fois leur tyran & leur esclave: La nature elle-même en formant des êtres si sensibles & si doux, semble s'être bien plus occupée de leurs charmes que de leur bonheur. Sans ceffe environnées de douleurs & de craintes, les femmes partagent tous nos maux, & fe voient encore affujetties à des maux qui ne font que pour elles. Elles ne peuvent donner la vie fans s'expofer à la perdre. Chaque révolution qu'elles éprouvent, altère leur fanté & menace leurs jours. Des maladies cruelles attaquent leur beauté : & quand elles échappent à ce fléau, le tems qui la détruit, leur enlève tous les jours une partie d'elles-mêmes. Alors elles ne peuvent plus attendre de protection que des droits humilians de la pitié, ou de la voix fi foible de la reconnoiffance.

La fociété ajoute encore pour elles aux maux de la nature. Plus de la moitié du globe eft couverte de fauvages; & chez tous ces peuples les femmes font très-malheureufes. L'homme fauvage, tout à la fois féroce &

indolent , actif par néceffité , mais
porté par un goût invincible au repos , ne connoiffant prefque que le
phyfique de l’amour, & n’ayant aucune
de ces idées morales , qui feules adou-
ciffent l’empire de la force , accoutumé par fes mœurs à la regarder
comme la feule loi de la nature ,
commande defpotiquement à des êtres
que la raifon fit fes égaux , mais que
la foibleffe lui affujettit. Les femmes
font chez les Indiens ce que les Ilotes
étoient chez les Spartiates, un peuple
vaincu obligé de travailler pour les
vainqueurs. Auffi a-t-on vu fur les
rives de l’Orénoque des meres par
pitié tuer leurs filles & les étouffer
en naiffant. Elles regardoient cette
pitié barbare comme un devoir.

Chez les Orientaux vous trouverez
un autre genre de defpotifme & d’empire, la clôture & la fervitude domeftique des femmes , autorifées par les
mœurs , & confacrées par les loix. En

Turquie , en Perſe , au Mogol , au
Japon & dans le vaſte Empire de la
Chine, une moitié du genre humain
eſt opprimée par l'autre. L'excès de
l'oppreſſion y naît de l'excès de l'a-
mour même. L'Aſie entière eſt couverte de ces priſons où la beauté eſ-
clave attend les caprices d'un maître.
Là des multitudes de femmes raſſem-
blées n'ont des ſens & une volonté
que pour un homme. Leurs triomphes ne ſont que d'un moment; &
les rivalités , les haines , les fureurs
ſont de tous les jours. Là elles ſont
obligées de payer leur ſervitude même
par l'amour le plus tendre, ou ce qui
eſt plus affreux , par l'image de l'a-
mour qu'elles n'ont pas. Là le plus
humiliant deſpotiſme les ſoumet à des
monſtres qui n'étant d'aucun ſexe ,
les deshonorent tous deux. Là enfin
leur éducation ne tend qu'à les avilir ; leurs vertus ſont forcées ; leurs
plaiſirs même triſtes & involontaires ;

& après une exiftence de quelques années, leur vieilleffe eft longue & affreufe.

Dans les pays tempérés, où le climat donnant moins d'ardeur aux défirs, laiffe plus de confiance dans les vertus, les femmes n'ont pas été privées de leur liberté; mais la légiflation févère les a mifes par-tout dans la dépendance. Tantôt elles furent condamnées à ia retraite, & féparées des plaifirs comme des affaires. Tantôt une longue tutelle fembloit infulter à leur raifon. Outragées dans un climat par la polygamie qui leur donne pour compagnes éterneiles leurs rivales ; afiervies dans un autre à des nœuds indiffolubles qui fouvent joignent pour jamais la douceur à la férocité, & la fenfibilité à la haine ; dans les pays où elles font les plus heureufes, gênées dans leurs defirs, gênées dans la difpofition de leurs biens, privées de leur volonté même.

dont la loi les dépouille, esclaves de
l'opinion qui les domine avec empire , & leur fait un crime de l'apparence même ; environnées de toute
part de juges qui sont en même tems
leurs Séducteurs & leurs tyrans , &
qui après avoir préparé leurs fautes,
les en punissent par le deshonneur,
ou ont usurpé le droit de les flétrir
sur des soupçons; tel est à-peu-près
le sort des femmes sur toute la terre.
L'homme à leur égard, selon les climats & les âges, est ou indifférent ou
oppresseur; mais elles éprouvent tantôt une oppression froide & calme
qui est celle de l'orgueil , tantôt
une oppression violente & terrible
qui est celle de la jalousie. Quand
on ne les aime pas, elles ne sont rien
quand on les adore , on les tourmente. Elles ont presqu'à redouter
également & l'indifférence & l'amour.
Sur les trois quarts de la terre , la
nature les a placées entre le mépris &
le malheur.

(7)

Chez les peuples mêmes où elles exerçoient le plus d'empire, il s'est trouvé des hommes qui ont prétendu leur interdire toute espèce de gloire. Un Grec célèbre (1) a dit que la femme la plus vertueuse étoit celle dont on parloit le moins. Ainsi en leur imposant les devoirs, cet homme sévère leur ôtoit la douceur de l'estime publique; & exigeant d'elles les vertus, leur faisoit un crime d'aspirer à l'honneur. Si une d'elles avoit voulu défendre la cause de son sexe, elle auroit pu lui dire : quelle est votre injustice? Si nous avons droit aux vertus comme vous, pourquoi n'aurions-nous pas droit à l'éloge ? L'estime publique appartient à qui sait la mériter. Nos devoirs sont différens des vôtres; mais quand ils sont remplis, ils font votre bonheur, & le charme de la vie. Nous sommes épouses &

_____

(1) Thucidide.

A iv

mères ; c'eſt nous qui formons les liens & la douceur des familles. C'eſt par nous que s'adoucit cette rudeſſe un peu ſauvage , qui tient peut-être à la force , & qui , à chaque inſtant peut faire d'un homme, l'ennemi d'un homme. Nous cultivons en vous cette ſenſibilité qui s'attendrit ſur les maux; & nos larmes vous avertiſſent qu'il y a des malheureux. Enfin, vous ne l'ignorez pas , nous avons beſoin de courage comme vous. Plus foibles , nous avons peut-être plus à vaincre. La nature nous éprouve par la douleur, les loix par la contrainte , & la vertu par des combats. Quelquefois auſſi le nom de citoyenne exige de nous des ſacrifices. Quand vous offrez votre ſang à l'Etat, ſongez que c'eſt le nôtre. En lui donnant nos fils & nos époux, nous lui donnons plus que nous-mêmes. Sur les champs de bataille vous ne faites que mourir, & nous avons le malheur de

survivre à ce que nous aimons le plus.
Eh quoi ! tandis que votre altière vanité eft fans ceffe occupée à couvrir
la terre de ftatues , de maufolées &
d'infcriptions, pour tâcher , s'il eft
poffible , d'éternifer vos noms , & de
vivre encore quand vous ne ferez plus,
vous nous condamnez à vivre igno-
rées ? Vous voulez que l'oubli & un
éternel filence foient notre partage ?
Ne foyez pas nos tyrans en tout.
Souffrez que notre nom foit prononcé quelquefois hors de l'enceinte
étroite où nous vivons. Souffrez que
la reconnoiffance ou l'amour le grave fur la tombe où doivent repofer
nos cendres ; & ne nous privez pas
de cette eftime publique , qui après
l'eftime de foi-même eft la plus douce
récompenfe de bien faire.

Il faut convenir que tous les hommes n'ont pas été également injuftes.
Dans quelques pays on a rendu des
hommages publics aux femmes. Les

arts leur ont élevé des monumens.
L'éloquence a célébré leurs vertus.
Une foule d'Ecrivains s'est plu à re-
cueillir tout ce qu'elles ont fait d'é-
clatant. Sans entrer dans des détails
qui fatigueroient peut-être par leur
uniformité, je voudrois voir en général quelles font les qualités & les
diverfes fortes de mérite dont les
femmes font fufceptibles , jufqu'où
le gouvernement , les circonftances
& les loix peuvent les élever, & les
rapports fecrets de la politique avec
leurs mœurs. Je vais donc examiner
rapidement ce qu'ont été les femmes
dans les différens fiècles , & comment l'efprit de leur temps ou de
leur nation a influé fur leur caractère.
Ce fera, pour ainfi dire, l'hiftoire de
cette partie du genre humain que
l'autre flatte & calomnie tour-à-tour,
& quelquefois fans la connoître: car
il en eft des femmes comme des Souverains à qui on dit rarement la vé-

rité , & qu'on apprécie bien plus par
intérêt ou par humeur, que par juftice. Cet Ouvrage ne fera ni un panégyrique , ni une fatyre , mais un
recueil d'obfervations & de faits. On
verra ce que les femmes ont été, ce
qu'elles font, & ce qu'elles pourroient
être.

Nous trouvons d'abord dans Plutarque, le panégyrifte & le juge de
tant d'hommes célèbres, un Ouvrage
intitulé : *Les actions vertueufes des
Femmes*. Il eft adreffé à une d'elles,
nommée *Cléa*, que l'on connoît peu ;
mais fa liaifon feule avec le Philofophe de Chéronnée , l'a fait mettre
par quelques Ecrivains au rang des
femmes philofophes. Il blâme à la
tête de cet Ouvrage ceux qui ont
voulu priver les femmes des juftes
éloges qui leur font dus. » On pour-
» roit, dit-il, faire le parallèle d'Ana-
» créon & de Sapho, de Sémiramis
» & de Séfoftris, de Tanaquil & de

» Servius, de Brutus & de Portie.
» Les talens & les vertus font modi-
» fiés par les circonftances & les per-
» fonnes, mais le fond eft le même ;
» il n'y a, pour ainfi dire, que la fur-
» face & la couleur de différentes «.
Il parle enfuite d'un grand nombre
de femmes de toutes les nations, qui
ont donné des exemples de courage,
& d'un mépris généreux pour la mort.
Il cite des Phocéennes, qui avant un
combat où il s'agiffoit de la deftruc-
tion de leur ville, confentent à s'en-
fevelir dans les flammes, fi la bataille eft perdue, & couronnent de
fleurs le premier qui a ouvert cet avis
dans le Confeil ; d'autres qui dans une
ville affiégée font rougir les hommes
d'une capitulation indigne ; d'autres
qui dans une bataille, voyant fuir
leurs fils & leurs époux, courent au-
devant d'eux, leur ferment le paffa-
ge, & les forcent de retourner à la
victoire ou à la mort ; d'autres qui

dans un fiége volent au rempart, dé-
fendent leur ville, & repouffent une
armée ; plufieurs qui réfiftent à des
tyrans & les bravent, & qui au moment que le tyran n'eft plus, courent en danfant au-devant des conju-
rés, & les couronnent de leurs propres mains ; plufieurs qui rendent
elles-mêmes la liberté à leur patrie ;
quelques-unes qui s'expofent à la
mort, & fe chargent de chaînes pour
fauver leurs époux prifonniers; Cam-
ma qui à l'autel s'empoifonne elle-
même pour empoifonner l'affaffin de
fon mari, & fe tournant vers lui, *je
n'ai vécu, dit-elle, que pour venger
mon époux. Il l'eft. Toi maintenant,
au lieu d'un lit nuptial, ordonne
qu'on te prépare un tombeau* ; enfin
des femmes de la Gaule, qui dans
une guerre civile fe jettent entre les
deux armées, féparent & réconcilient
les combattans, & par-là méritent
l'honneur d'être admifes depuis aux

délibérations publiques, & quelquefois d'être prises pour arbitres entre
des nations.

A ces qualités généreuses & altiè-
res, par lesquelles il semble que les
femmes se soient élevées au-dessus
d'elles-mêmes, Plutarque en joint de
plus douces, & qui tiennent de plus
près au charme comme au mérite naturel de leur sexe. Il loue les femmes
d'une isle de l'Archipel, où en sept
cents ans, dit-il, on ne put citer un
exemple, ni d'une foiblesse dans une
jeune personne, ni d'adultère dans
une femme : & les jeunes Miléfien-
nes, dont il cite un trait qui mérite
l'attention d'un philosophe. Elles se
donnoient la mort en foule, sans doute
dans cet âge où la nature faisant naître
des desirs inquiets & vagues, ébranle
fortement l'imagination, & où l'ame
étonnée de ses nouveaux besoins, sent
succéder la mélancolie au calme &
aux jeux de l'enfance. Rien ne pou-

voit arrêter les fuicides. On fit une loi qui condamnoit la première qui fe tueroit, à être portée nue & expofée dans la place publique. Ces jeunes filles bravoient la mort. Aucune n'ofa braver la honte après la mort même : & les fuicides cefférent (a).

***

(1) Plutarque dans le même Livre cite encore un trait d'une femme, qui même aujourd'hui pourroit fervir d'excellente leçon d'économie politique. Un Roi qui croyoit que l'or étoit les richeffes, épuifoit les habitans de fon pays au travail des mines. Tout périffoit. Les habitans ont recours à la Reine. Elle fait faire en fecret par des Orfèvres des pains d'or, des viandes & des fruits d'or, & au retour d'un voyage, les fait fervir au Prince. Cette vue le réjouit d'abord. Bientôt il fent la faim, & demande à manger. Nous n'avons que de l'or, dit-elle, vos terres font en friche, elles ne rapportent rien ; on vous fert ce que vous aimez, & la feule chofe qui nous refte. Le Roi l'entendit, & fe corrigea. Ce trait peu connu mériteroit d'être embelli par l'Ecrivain ingénieux & piquant, qui fait de l'apologue un cours de morale pour les jeunes Princes.

Outre cet Ouvrage de Plutarque,
nous en avons un autre en l'honneur des femmes Spartiates, où il
cite d'elles une foule de mots qui
annoncent le courage & la force.
C'est-là qu'on retrouve des ames toutes différentes de celles que nous
connoissons; la nature immolée à la
patrie; l'honneur mis avant la ten-
dresse; le nom de citoyenne préféré
au nom de mère; des larmes de joie
sur le corps d'un fils percé de coups;
des mains maternelles armées contre un fils coupable de lâcheté; des
ordres de mourir envoyés à un fils
soupçonné d'un crime; la douleur &
la plainte regardées ou comme une
foiblesse, ou comme un outrage;
l'intrépidité jusques dans la servitude,
& l'exemple d'une d'entr'elles, qui
prisonniere & vendue comme esclave,
interrogée: *que fais-tu? Etre libre,*
répondit-elle; & à qui son maître
ayant commandé une chose inju-
rieuse,

rieufe, *tu ne me méritois pas* : & elle
fe laiffa mourir.

Ceux qui jugent de ce qui a été
par ce qui eft , ceux qui fur-tout
ignorent ce que peut fur les ames
une légiflation conçue dans une feule
tête , & combinée dans toutes fes
branches , ne pourront concevoir tant
de force dans un fexe , qui paroît bien
plus deftiné à être fenfible , que cou-
rageux. Mais tel étoit le pouvoir des
inftitutions & des temps. Chez les
Grecs , prefque tous républicains ,
les mœurs des femmes devoient être
fortes & auftères. La retraite où elles
paffoient leur vie , fortifioit leur
ame. La pauvreté publique retran-
choit des moyens de corruption.
L'honneur général élevoit leur fenfibilité. Elles avoient l'orgueil de ne
pas vouloir refter au deffous de leurs
fils, de leurs frères , de leurs maris,
& ne pouvant les attirer à elles, elles
s'élevoient jufqu'à eux. D'ailleurs

B

dans ces premiers temps, époque de
la formation des Etats & de la ci-
vilisation des hommes, les dangers
pour les deux sexes étoient com-
muns. Des républiques ou des royau-
mes composés d'une ville, étoient
sans cesse ou menacés, ou envahis.
Les haines nationales plus irritées
par des mélanges d'intérêt, étoient
plus ardentes, & savoient moins pardonner. Les guerres, qui parmi nous
ne sont plus que des guerres de Rois,
étoient alors des guerres de peuples.
On se combattoit pour se détruire.
La victoire condamnoit les femmes.
La servitude établie par la conquête,
étoit une asyle contre la mort, jamais
contre la honte. Dans l'intérieur,
l'incertitude des loix, & les chocs
de la liberté, ouvroient la porte à
des tyrans. Le droit de commander
étoit alors le droit d'abuser de tout.
Le citoyen ne savoit plus ce qu'il
avoit ni à craindre, ni à espérer,

ni à souffrir. Delà les réſiſtances &
les complots. De-là les trames ſe-
crettes , & les femmes admises à la
vengeance ; parce que les maux s'é-
tendoient juſqu'à elles , & que ſouvent elles avoient à perdre plus que
la vie. Alors les deux ſexes ſe mon-
toient au même ton ; & le courage
étoit extrème , parce que la crainte
l'étoit.

Dans les mêmes temps, & par le
même mouvement , il y avoit en Europe comme en Aſie , des invaſions ,
des voyages de peuples , des émigra-
tions les armes à la main; & les compagnes de ces peuples errans , partageoient à la fois le péril & l'audace.
Il devoit donc y avoir dans toutes
ces époques , une habitude de courage chez les femmes : & comme
l'honneur de leur ſexe tient à une
fierté naturelle ; que c'eſt preſque toujours la molleſſe qui prépare la ſéduction ; que l'habitude de vaincre des

périls, donne celle de se vaincre soi-
même ; que la vie de ces femmes
étoit toujours ou orageuse , ou retirée ; & qu'elles ne pouvoient connoître ce loisir inquiet des sociétés,
où l'imagination va sans cesse au-
devant des desirs , & où l'ame se cor-
rompt à la fois par tous les sens ;
elles devoient joindre à leur courage
une fierté délicate sur l'honneur; &
telles sont en effet les deux qualités
que leur assigne Plutarque, en louant
les femmes Grecques ou Barbares de
ces temps reculés.

Cependant comme alors même
il y a eu différentes époques, il ne
faut pas croire que partout les mœurs
des femmes aient été les mêmes. Il
paroît en général que dans les isles
de la Grèce , les mœurs étoient plus
pures que dans le Continent. Les
Insulaires plus séparés, devoient garder plus aisément leurs loix & leurs
vertus. Le couvent guerrier de Lacé-

démone devoit être plus auftere, que le féjour riant d'Athènes. Thèbes, où il n'y avoit qu'une fimplicité grof-fière au lieu de luxe, ne devoit pas reffembler à Corinthe, qui par fa fi-tuation & fon commerce, appelloit des deux mers les richeffes & les vices. Enfin, à mefure que les inf-titutions fe corrompirent, l'efprit gé-néral des femmes dut fe perdre; mais, ce qui eft affez remarquable, dans les temps même les plus beaux de la Grèce, les courtifanes y jouèrent un très-grand rôle, & fur-tout dans Athènes. Par quelles circonftances, cet ordre de femmes qui avilit à la fois fon fexe & le nôtre, dans un pays où les femmes avoient des mœurs, parvint-il à la confidération, & quelquefois à la plus grande cé-lébrité? On en peut, ce me femble, donner plufieurs raifons.

D'abord les courtifanes étoient jufqu'à un certain point mêlées à la

religion. La Déeffe de la beauté qui
avoit des autels ., fembloit protéger.
leur état, qui étoit pour elle une efpèce de culte. Elles invoquoient
Vénus dans les dangers ; & après les
batailles, on croyoit , ou l'on faifoit.
femblant de croire que Miltiade &
Thémiftocle avoient été de grands.
hommes , parce que les Laïs & les.
Glycères avoient chanté des hymnes.
à leur Déeffe.

Les courtifanes tenoient encore.
à la religion par les arts ; elles of-
froient des modèles pour former des.
Vénus qui étoient enfuite adorées.
dans les temples (3).

---

(1) Phriné fervit de modèle à Praxitèle,
pour fa Vénus de Cnide: & pendant les Fêtes.
de Neptune auprès d'Eleufis , Apelle ayant.
vu cette même courtifane fur le rivage de la.
mer , fans autre voile que fes cheveux épars
& flottans, fut tellement ébloui de fa beauté,
qu'il en prit l'idée de fa Vénus fortant des
eaux.

Elles tenoient , comme on voit ; aux ftatuaires & aux peintres , dont elles embelliffoient les ouvrages.

La plûpart étoient muficiennes , & cet art plus puiffant dans la Grèce, qu'il ne l'a été partout ailleurs , étoit pour elles un charme de plus.

On fait combien ce peuple étoit enthoufiafte de la beauté. L'imagination fenfible des Grecs adoroit la beauté dans les temples , l'admiroit dans les chef-d'œuvres des arts , la contemploit dans les exercices & dans les jeux , cherchoit à la perfectionner dans les mariages , & lui propofoit des prix dans des fêtes publiques. Mais dans les femmes honnêtes , la beauté folitaire étoit le plus fouvent obfcure & retirée : celle des courtifanes s'offrant partout , attiroit par tout des hommages.

La fociété feule peut développer les charmes de l'efprit ; & les autres femmes en étoient exclues. Les cour-

tifanes vivant publiquement dans
Athènes, où fans cesse elles enten-
doient parler de philofophie , de politique & de vers , prenoient peu-à-
peu tous ces goûts. Leur efprit devoit donc être plus orné , & leur
converfation plus brillante. Alors
leurs maifons devenoient des écoles
d'agrément ; les Poëtes venoient y
puifer des connoiffances légères de
ridicule & de grace ; & les Philofophes , des idées qui fouvent leur euffent échappé à eux-mêmes. Socrate
& Périclès fe rencontroient chez
Afpafie , comme Saint-Evremont &
Condé chez Ninon. On acquéroit
chez elles de la finefle & du goût ;
on leur rendoit en échange de la réputation.

La Grèce étoit gouvernée par les
hommes éloquens ; & les courtifanes
célèbres ayant du pouvoir fur les orateurs, devoient avoir de l'influence fur
les affaires. Il n'y avoit pas jufqu'à ce

Démofthène, fi terrible aux **tyrans** ; qui ne fût fubjugué ; & l'on difoit de lui : *ce qu'il a médité un an , une femme le renverfe en un jour.* Cette influence augmentoit leur confidéra-tion , & avec leur efprit développoit leur talent de plaire.

Enfin les loix & les inftitutions publiques , en autorifant la retraite des femmes, mettoient un grand prix à la fainteté des mariages: Mais dans Athènes, l'imagination, le luxe , le goût des arts & des plaifirs , étoient en contradiction avec les loix. Les courtifanes venoient donc , pour ainfi dire , au fecours des mœurs. Le vice répandu hors des familles ne révoltoit pas: le vice intérieur & qui troubloit la paix des maifons , étoit un crime. Par une bifarrerie étrange & peut-être unique, les hom-mes étoient corrompus; & les mœurs domeftiques , auftères. Il femble que les courtifanes n'étoient point regardées comme de leur sexe; & par une convention à laquelle les loix & les mœurs se plioient, tandis qu'on n'estimoit les autres femmes que par les vertus, on n'estimoit celles-là que par les agrémens.

Toutes ces raisons servent à nous rendre compte des honneurs qu'elles reçurent si souvent dans la Grèce. Sans cela, on auroit peine à concevoir comment six ou sept Ecrivains ont tous consacré leur plume à célébrer les courtisanes d'Athènes (1); comment trois Peintres fameux avoient uniquement voué leur pinceau à les représenter sur la toile ; comment plusieurs Poëtes Grecs les ont célébrées dans leurs comédies & leurs vers. On auroit peine à croire que les plus grands hommes briguassent à l'envi leur société ; qu'Aspasie fît décider de la guerre & de la paix ;

***

(1) Voyez Athénée.

que Phriné eût une statue d'or pla-
cée à Delphes entre les statues de
deux Rois; & qu'après leur mort on
leur élevât quelquefois de magnifi-
ques tombeaux. Le voyageur qui approche d'Athènes, disoit un Ecrivain
Grec (1), voyant sur les bords du
chemin ce mausolée qui attire de loin
ses regards, s'imagine que c'est le
tombeau de Miltiade ou de Périclès,
ou de quelqu'autre grand homme qui
a servi la patrie : il approche, il
s'informe, & il apprend que c'est
une courtisane d'Athènes qui est en-
sevelie avec tant de pompe. Et dans
une lettre à Alexandre, Théopompe
lui ayant parlé de ce même mausolée; ainsi, lui dit-il, ainsi après sa
mort est honorée une courtisane ;
& de tous ceux qui sont morts en
Asie en combattant pour toi & pour
le salut de la Grèce, il n'y en a au-

_____

(1). Dicéarque.

cun qui ait un tombeau, & dont on ait même penſé à honorer la cendre. Tels étoient les hommages que cette nation enthouſiaſte, voluptueuſe & ſenſible rendoit à la beauté. Se conduiſant par ſon imagination plus que par des mœurs, & ayant des loix plutôt que des principes, elle exiloit ſes grands hommes, honoroit ſes courtiſanes, faiſoit périr Socrate, ſe laiſſoit gouverner par Aſpaſie, veilloit à la ſainteté des mariages, & plaçoit Phriné dans les temples.

Chez les Romains, peuple auſtère & grave, qui pendant cinq cents ans ignora les plaiſirs & les arts, & qui au milieu des charrues & des camps étoit occupé à labourer ou à vaincre, les mœurs des femmes furent long-temps auſtères & graves comme eux, & ſans aucun mêlange de corruption ni de foibleſſe. Les temps où les femmes Romaines parurent en public, forment une époque dans l'Hiſ-

toire. Renfermées dans leurs maifons , là , dans leur vertu fimple &
groffière, donnant tout à la nature ,
& rien à ce qu'on appelle amufement , affez barbares pour ne favoir
être qu'époufes & mères , chaftes fans
fe douter qu'on pût ne pas l'être ,
fenfibles fans jamais avoir appris à
définir ce mot, occupées de devoirs,
& ignorant qu'il y eût d'autres plaifirs , elles paffoient leur vie dans la
retraite à nourrir leurs enfans, à élever pour la république une race de
Laboureurs ou de Soldats , & bien
avant dans la nuit, manioient tour
à tour pour leurs époux l'éguille &
le fufeau. On fait qu'aucun Romain
n'étoit vêtu que des habits filés par fa
femme, ou par fa fille ; & Augufte,
maître du monde, donna encore l'exemple de cette fimplicité antique.
Pendant cette époque , les femmes
Romaines furent refpeétées comme

dans tous les pays où il y a des
mœurs. Leurs maris vainqueurs les
revoyoient avec tranfport , au retour
des batailles ; ils leur portoient la
dépouille des ennemis , & s'honoroient à leurs yeux des bleffures qu'ils
avoient reçues pour l'Etat & pour
elles. Souvent ils venoient de commander à des Rois, & dans leurs maifons ils faifoient gloire d'obéir. En
vain les loix févères leur donnoient
droit de vie & de mort: plus puif-
fantes que les loix , les femmes com-
mandoient à leurs juges. En vain la
loi prévenant des befoins qui n'exif-
tent que chez des peuples corrompus, permettoit le divorce ; le divorce
autorifé par la loi, étoit profcrit par
les mœurs. Tel étoit l'empire de la
beauté , avant que le mèlange des
fexes les corrompît tous deux , pour
les avilir l'un par l'autre.

Il paroît que tout fut employé

dans Rome pour prolonger cette
heureufe époque chez les femmes (1).

On ne voit point que les Romaines euffent ce courage féroce que
Plutarque a loué dans certaines femmes Grecques ou Barbares. Elles tenoient de plus près à la nature, ou
l'exagéroient moins. Leur premiere
qualité fut la décence. On connoît
le trait de Caton le Cenfeur, qui raya
un Romain de la lifte du Sénat,
pour avoir donné un baifer à fa

---

(1) Une tutelle auftère, & dont elles ne
fortoient jamais, la cenfure des Magiftrats,
des tribunaux domeftiques, des loix pour pré-
venir leur luxe par le réglement des dots, des
loix fomptuaires pour leurs ornemens, des
temples élevés à la pudeur, des temples à une
Déeffe qui préfidoit à la paix des mariages & à
la réconciliation des époux, des décrets hono-
rables pour les fervices rendus par les femmes
à l'Etat; tout annonce le grand intérêt que ce
peuple conquérant prit aux femmes & à leurs
mœurs, tant qu'il en eut lui-même.

femme, en préfence de fa fille. A
ces mœurs auftères, les femmes Romaines joignirent un amour de la
patrie, qui parut dans des occafions
éclatantes. A la mort de Brutus,
elles portèrent toutes le deuil. Au
temps de Coriolan, elles fauvèrent
Rome. Ce grand homme irrité ayant
bravé le Sénat & les Prêtres, & in-
fenfible à l'orgueil même de pardonner, ne put réfifter au pouvoir des
femmes qui l'imploroient. Le Sénat
les remercia par un décret public,
ordonna aux hommes de leur céder
par tout le pas, fit élever un autel
fur le lieu où la mere avoit fléchi
fon fils, & la femme fon époux, &
permit à toutes les femmes de mettre un ornement de plus à leur coëf-
fure. Il faut convenir que nos modes
Françoifes n'ont pas une origine tout-
à-fait fi noble. Au temps de Brennus,
elles fauvèrent Rome une feconde
fois, en donnant tout leur or pour

la

la rançon de la ville. A cette époque, le Sénat leur accorda l'honneur
d'être louées fur la tribune, comme
les Magiftrats & les Guerriers. Après
la bataille de Cannes, temps où Rome
n'avoit plus d'autres tréfors que les
vertus de fes citoyens, elles facrifiè-
rent de même leurs pierreries & leurs
richeſſes. Un nouveau décret récom-
penfa leur zèle.

Valere-Maxime, qui vécut fous
Tibère, & dont nous avons un Ouvrage, monument de grandes vertus
bien plus que de goût, a loué en
plufieurs endroits les Dames Romaines. Mais ce font moins des éloges
que des traits détachés où cependant
il fe permet quelquefois le tour & les
mouvemens d'un Orateur. On fe doute
bien que la fameufe Portie, fille de
Caton & femme de Brutus, n'y eſt
point oubliée; ni cette Julie, femme
de Pompée, qui mourut de frayeur
d'avoir vu une robe de fon mari

C

teinte de fang ; ni cette jeune Romaine qui dans la prifon nourrit fa
mere de fon lait ; ni plufieurs femmes
illuftres qui au temps des profcrip-
tions exposèrent leur vie pour fauver
leurs époux. Cet Ecrivain , en célébrant les vertus, cite auffi les talens.
Il nous apprend qu'au fecond Trium-
virat , les trois affaffins maîtres de
Rome , avides d'or après avoir répandu le fang , & ayant apparemment
épuifé toutes les formules de brigandage & toutes les manieres de piller,
s'avisèrent de taxer les femmes. Ils
leur imposèrent par tête une très-
forte contribution. Les femmes cher-
chèrent un Orateur pour les défendre , & n'en purent trouver. Perfonne
n'eft tenté d'avoir raifon contre ceux
qui profcrivent. La fille du célèbre
Hortenfius fe préfenta feule ; elle fit
revivre les talens de fon pere , & dé-
fendit avec intrépidité la caufe des
femmes & la fienne. Les tyrans rou-

girent , & révoquèrent leurs ordres.
Hortensia fut reconduite en triom-
phe ; & une femme eut la gloire d'a-
voir donné dans le même jour un
exemple de courage aux hommes ,
un modèle d'éloquence aux femmes ,
& une leçon d'humanité aux tyrans.

Remarquons que cette époque des
talens dans les femmes se trouve à
Rome dans le temps où la société
devoit être beaucoup plus perfection-
née par l'opulence , par le luxe , par
l'usage & l'abus des arts & des richesses. Alors la retraite des femmes
dut être moins austère ; leur esprit
plus actif fut plus exercé ; leur ame
eut de nouveaux besoins ; l'idée de
la réputation naquit pour elles ; leur
loisir augmenta par la distinction des
devoirs. Il y eut des devoirs vils, &
que les femmes opulentes laissoient,
pour ainsi dire, au peuple : il y en
eut de nobles & qui étoient bientôt
remplis. Pendant six cents ans, les

vertus avoient suffi pour plaire ; alors
il fallut encore l'esprit. On voulut
joindre l'éclat à l'estime, jusqu'à ce
qu'on apprît à se passer de l'estime
même : car dans tout pays, à mesure que l'amour des vertus diminue,
le prix des talens augmente.

Cette derniere révolution se fit
sous les Empereurs, & mille causes
y contribuèrent. La grande inégalité des rangs , l'excès des fortunes , le ridicule attaché dans ces
cours aux idées morales, & à Rome
l'excès des ames fortes, impétueuses
dans le mal comme dans le bien ,
tout précipita la corruption. Alors
le vice n'eut pas de frein. La fureur
des spectacles mit à la mode une licence profonde & vile. Les femmes
se disputèrent à prix d'or un histrion.
Elles attachèrent leur cœur & leurs
yeux avides sur un théâtre, pour dé-
vorer les mouvemens d'un panto-
mime. Un joueur de flûte engloutit

des patrimoines, & donna des héri-
tiers aux defcendans des Scipions &
des Emiles. La débauche redouta la
fécondité. On apprit à tromper la nature. L'art affreux des avortemens fe
perfectionna. Les paffions, tous les
jours renaiffantes., purent s'affouvir
tous les jours: & les femmes laffes
de tout, dégoûtées de tout, multi-
plièrent dans Rome les monftres de
l'Afie, & firent mutiler leurs efclaves, pour fatisfaire les nouveaux caprices d'une imagination ufée par
fes plaifirs même. Alors les vices furent plus puiffans que les loix. On
ne s'occupa plus de conferver les
mœurs, mais de punir les crimes;
& quelquefois leur nature & leur
nombre effrayant les tribunaux, il
fallut, pour ainfi dire, que la loi
fe couvrît d'un voile, parce qu'il y
auroit eu autant de danger que de
honte à appercevoir tous les coupa-

bles (1). On se doute bien que dans
ce siecle on loua bien plus souvent
dans les femmes le rang que la vertu ,
& les talens ou les graces que les
mœurs.

Au temps de la naissance de l'Empire , il y eut plusieurs éloges de
femmes prononcés sur la tribune
Romaine ; l'éloge de Junie , sœur
de Brutus & femme de Cassius ; l'é-
loge de l'Impératrice Livie , mere de
Tibère ; celui d'Octavie par Auguste ,
& celui de Poppée par Néron. On
peut dire que le premier fut l'éloge
de la vertu encore austere & républicaine. Le second dut marquer le
passage des mœurs des femmes dans
une république , à leurs mœurs dans

_____

(1) Quand Septime - Sévère monta sur le
trône , il trouva trois mille accusations d'adultère inscrites sur les rôles. Il fut obligé de
renoncer à ses projets de réforme.

une Cour & fous un Prince. Livie
tenoit à la première époque par un
refte de fimplicité, & pour me fervir des expreffions de Tacite, par
la fainteté de fa maifon: elle tenoit
à la feconde par une ambition fourde,
par le défir du crédit, par un arti-
fice raifonné, par l'art d'employer
adroitement la féduction de fon fexe,
enfin par l'intrigue & le manége ap-
pliqués tour - à - tour à des chofes
grandes ou petites. Le troifième,
celui d'Octavie, fut l'éloge de la
beauté rendue intéreffante par le
malheur, & mêlée à de grands événemens, dont elle fut plutôt la vic-
time que la caufe (1). Mais l'éloge
de Poppée prononcé par un Empereur, & applaudi par les Romains,
marqua, pour ainfi dire, le der-

_____

(1) Octavie, fœur d'Augufte, femme d'Antoine, & rivale fi vertueufe & fi tendre de
Cléopatre.

nier terme de la corruption (1).
Il y a apparence que toutes les
femmes qui tenoient à la maiſon
impériale , ou qui y entroient ,
étoient louées de même après leur
mort. Pluſieurs d'entr'elles ſur le
trône , joignirent le ſcandale aux
plaiſirs ; mais l'apothéoſe réparoit
tout. La religion étoit moins ſévere
que les mœurs; on faiſoit plus aiſément une Déeſſe, qu'une femme honnête.

Il y eut pourtant alors quelques
vertus chez les femmes; mais ces vertus ſe remarquoient. La plûpart durent leur naiſſance au ſtoïciſme qui
ſous les premiers Empereurs ſe ré-
pandit à Rome. On ſait que le ſtoïciſme eſt pour les mœurs , ce que
l'auſtérité républicaine eſt pour le
gouvernement. Il fit renaître dans
quelques maiſons les mœurs anti-

_____

(1) Tacite, ann. 16. 6.

ques , mais avec cette différence ;
qu'autrefois dans Rome la vertu con-
tractée prefque en naiffant , étoit
comme une habitude de l'enfance ,
& l'ouvrage heureux de l'exemple
comme des loix ; mais dans l'Empire, il falloit pour avoir des mœurs,
une morale forte & des vertus rai-
fonnées. C'étoit encore peu d'avoir
des principes ; la raifon froide n'eut
pas réfifté long-temps : il falloit un
certain enthoufiafme qui donnât de
l'énergie à l'ame & la foutînt ; qui
fe propofât une grandeur au-deffus
de l'homme, pour parvenir jufqu'où
l'homme peut aller ; qui méprifât
tous les plaifirs, pour mieux dédai-
gner les vices ; qui bravât les douleurs , pour mieux s'aguérir contre
la foibleffe; qui enfin, dans des lieux
où le crime étoit tout puiffant par
l'autorité & par l'exemple , rendît
l'homme indépendant de tout, hors
du devoir , & l'élevant au deffus de

ce vil univers qui l'entouroit, le fit
lui-même fon cenfeur, fon maître,
fon admirateur & fon juge. Dans
cette époque, le ftoïcifme étoit donc
néceffaire à Rome comme un puiffant contre-poids à une force terrible; & en effet il offrit chez les
Romains le plus grand des contraftes,
l'excès du courage à côté de l'excès
de la baffeffe, & la plus rigide auftérité à côté de la plus deshonorante
licence. Il eft à remarquer que jamais le ftoïcifme ne produifit de fi
grands effets dans la Grèce que dans
Rome; c'eft que peut-être, comme
il a quelque chofe d'exagéré, il
lui faut des circonftances extraordinaires. Pour créer de grandes vertus, il faut de grands befoins & de
grands maux. Le ftoïcifme reffem-
bloit à ces forces qui s'augmentent
à proportion des réfiftances.

Plufieurs Romains célèbres nour-
ris dans cette fecte déployèrent les

vertus qu'elle infpiroit : & les femmes, plus fufceptibles d'habitude que de principes , & prefque toujours gouvernées par les mœurs qui les frappent de plus près, imitèrent les vertus de leurs maris ou de leurs pères. Portie avoit donné l'exemple. Fille de Caton & femme de Brutus, elle s'étoit, pour ainfi dire, montée à la hauteur de leurs ames. Dans la confpiration contre Céfar, elle fe montra digne d'être affociée au fecret de l'Etat. Après la bataille de Philippes , elle ne put furvivre ni à la liberté , ni à Brutus , & mourut avec l'intrépidité féroce de Caton. Son exemple fut fuivi par cette Aria, qui voyant fon époux chancelant, & qui héfitoit à mourir, pour l'encourager fe perça le fein, & lui remit le poignard; par fa fille, époufe de Thraféas, & la fille de Thraféas, époufe d'Helvidius Prifcus , dignes toutes deux d'avoir pour maris deux grands

hommes ; par Pauline, femme de Se-
néque, qui se fit ouvrir les veines avec
lui, & forcée à vivre, pendant le peu
d'années qu'elle survécut , porta sur
son visage , dit Tacite , l'honorable
pâleur qui attestoit qu'une partie de
son sang avoit coulé avec le sang de
son époux ; & dans un autre genre,
cette Agrippine, femme de Germa-
nicus, altière & sensible , qui jeune
encore s'ensevelit dans la retraite,
& sans laisser jamais ni fléchir sa
hauteur sous Tibére , ni corrompre
ses mœurs par son siècle , aussi im-
placable envers son tyran que fidelle
à son époux , passa sa vie à pleurer
l'un , & à détester l'autre ; & cette
Eponine si célèbre que Vespasien
auroit dû admirer , & qu'il fit si lâ-
chement mourir. Presque toutes ces
femmes exposées à la haine des tyrans, n'obtinrent point l'honneur des
éloges publics ; mais ce qui vaut
mieux , elles furent louées par Ta-

cite. Deux lignes de Tacite font
fort au-deſſus de tous les panégyriques d'uſage.

Je ne parlerai point de toutes les
femmes célèbres de l'Empire ; mais
Oppien , Hérodien , Philoſtrate &
Dion en citent une d'un caractère
comme d'un genre de mérite tout
différent. Qu'il me ſoit permis de
m'y arrêter. C'étoit l'Impératrice Julie, femme de Septime-Sévère. Née
en Syrie , & fille d'un prêtre du So-
leil, on lui prédit qu'elle monteroit
au rang de ſouveraine. Son caractère
juſtifia la prédiction. Sur le trône ,
elle aima , ou parut aimer paſſionné-
ment les lettres. Soit goût , ſoit déſir de s'inſtruire , ſoit déſir de célébrité , ſoit peut-être tout cela enſemble , elle paſſoit ſa vie avec les phi-
loſophes. Son rang d'Impératrice
n'eût peut-être pas ſuffi pour ſubju-
guer ces ames fières ; mais elle y
joignit de plus le mérite de l'eſprit

& de la beauté. Ces trois genres de
féduction lui rendirent moins néceffaire celle qui ne confifte que dans
l'art, & qui obfervant les goûts &
les foiblesses, gouverne les grandes
ames par de petits moyens. On dit
qu'elle étoit philofophe. Sa philofophie cependant n'alla point jufqu'à lui donner des mœurs. Son mari
qui ne l'aimoit point, eftimoit fon
génie, & la confultoit en tout. Elle
gouverna de même fous fon fils. Enfin, Impératrice & homme d'Etat,
occupée tout à ia fois des fciences
& des affaires, & y mêlant affez publiquement les plaifirs, ayant des
gens de cour pour amans, des gens
de lettres pour amis, & des philofophes pour courtifans, au milieu
d'une fociété où elle régnoit & où
elle s'inftruifoit, elle parvint à jouer
un très-grand rôle; mais comme à
tant de mérite, elle ne joignit pas
ceux de fon fexe, on l'admira, on

la blâma : elle obtint de son vivant plus d'éloges que de respects , & chez la postérité plus de renommée que d'estime.

Après elle, on trouve Julie Mammée , qui étoit de la même famille , & qui fut aussi Impératrice , ou du moins mère d'un Empereur. Son mérite fut d'avoir autant de génie que de courage , & sur-tout d'avoir élevé pour le trône son fils, le jeune Alexandre Sévère , à peu-près comme Fénélon éleva depuis le Duc de Bourgogne. Elle le rendit à la fois vertueux & sensible.

Enfin , en suivant le cours de l'Histoire , se présente cette fameuse Zénobie , digne d'avoir eu Longin pour maître , princesse qui sut écrire comme elle sut vaincre , qui fut ensuite malheureuse avec dignité , qui se consola de la perte d'un trône , par les douceurs de la retraite , & des plaisirs de la grandeur , par ceux de l'esprit.

Toutes ces femmes reçurent de
grands éloges des Ecrivains de leur
siècle , & ont servi depuis à grossir
les catalogues de tous les panégy-
ristes des femmes célebres. (1).

(1) Il ne nous reste aujourd'hui de ces
temps-là que deux éloges d'Impératrice. L'un
est le panégyrique d'Eusébie , épouse de Cons-
tance. Ce fut elle qui fut la protectrice de Julien. Elle le fit élever au rang de César ; & par
ce charme secret que l'esprit & la beauté ont
sur les tyrans même , elle le sauva plusieurs
fois des fureurs politiques d'un prince toujours
prêt d'être assassin , dès qu'il craignoit. Julien
qui lui devoit la vie & l'empire , composa son
panégyrique. Il faut convenir que la reconnois-
sance ne le rendit pas éloquent.

L'autre est de Lucien. Il est en dialogue & en
forme de portrait. On ne sait précisément à qui
il est adressé ; mais les commentateurs qui sont
presque toujours dans la confidence de ces sortes de secrets , ne manquent pas d'assurer que
c'est l'éloge d'une Impératrice. Quoi qu'il en
soit , on peut dire que cet éloge est l'original
des quarante à cinquante mille portraits d'hé-

Nous

Nous venons de voir qu'au temps où le gouvernement de Rome changea, il étoit survenu un changement dans les mœurs ; mais environ vers le troisième siécle, il se fit une révolution nouvelle, & qui porta un grand caractère.

———————————————————————

roïnes ou de princesses qui depuis quatre cents ans ont été faits en France, en Italie ou en Espagne par tous les Orateurs, Historiens, Poëtes ou Romanciers, & où il est d'usage & de régle que la même femme ait toutes les perfections possibles. J'ajouterai que c'est la première trace qu'on trouve chez les anciens, de cet esprit de galanterie si à la mode parmi nous, & qui consiste à dire aux femmes avec un esprit léger & une ame de glace, tout ce qu'on ne croit pas, & tout ce qu'on voudroit leur faire croire. Ce ton qui est né de l'impuissance d'être sensible, & du désir de le paroître, & qui joint l'exagération à la fausseté, a dû naître chez Lucien, de la corruption des mœurs de l'Empire, de la légéreté naturelle aux Grecs de son temps, & de son propre caractère. L'esprit peut décrire, mais il n'y a que l'ame qui sache louer.

D.

Jufqu'alors les mœurs des femmes
n'avoient été fondées que fur la morale , & ne tenoient point du tout
aux idées religieufes. En quelques
pays on avoit lié les mœurs à la politique ; mais felon les différens plans
de légiſlation, les loix traçoient différentes lignes où commençoit &
où finiſſoit la vertu des femmes. Les
danfes des jeunes Lacédémoniennes
font connues ; & , felon l'expreſſion
de Montefquieu, Lycurgue avoit ôté
la pudeur à la chaſteté même. A
Rome , on avoit vu des femmes dan-
fer publiquement fur un théâtre , fans
que la décence publique mît aucune
efpèce de voile entr'elles & les regards d'un peuple : & fi Caton vint
au fpectacle pour en fortir, les Ma-
giſtrats & les Pontifes y aſſiſtèrent.
Les arts qui par-tout imitoient la nature fans la voiler , aidoient encore
à féduire l'imagination par les yeux.
La philofophie n'avoit point de prin-

cipe fixe fur les femmes. Tantôt elle
combattoit en elles, & vouloit leur
ôter ce fentiment fi doux qui fait la
défenfe, comme le charme de leur
fexe (1). Tantôt elle vouloit que
l'union la plus tendre, qui fuppofe
toujours un contrat des cœurs qui
fe donnent, ne fût que le lien d'un
inftant, détruit par l'inftant qui devoit fuivre (2). La religion même
n'étoit qu'une efpèce de police fa-
crée, qui avoit plutôt des cérémonies que des préceptes. On honoroit
les Dieux, comme on honore parmi
nous les hommes puiffans ; c'eft-à-
dire, qu'on leur offroit de l'encens,
& qu'on attendoit en échange des
fecours. Ils étoient protecteurs &

_____

(1) Ecole des Cyniques, qui regardoient la
pudeur comme une convention, & fe faifoient
un devoir de s'en affranchir.

(2) Syftème de la communauté des femmes
dans un Etat.

son légiſlateurs. Le Chriſtìanìſme naiſſant ſur la terre, fut une légiſla-tion. Il impoſa les loix les plus ſé-vères aux femmes & aux mœurs. Il reſſerra les nœuds des mariages; d'un lien politique, il fit un lien ſacré, & mit les contrats des époux entre le tribunal & l'autel, ſous la garde de la divinité. Il ne ſe borna point à défendre les actions ; il étendit ſon empire juſques ſur la penſée. Par-tout il poſa des barrières au-devant des ſens. Il proſcrivit juſqu'aux ob-jets inanimés qui pouvoient être complices d'une ſéduction, ou d'un déſir. Enfin, troublant le crime juſ-ques dans la ſolitude, il lui ordonna d'être ſon propre délateur, & con-damna tous les coupables à rougir par l'aveu forcé de leurs foibleſſes. La légiſlation des Romains & des Grecs rapportoit tout à l'intérêt po-litique des ſociétés. La légiſlation nouvelle & ſacrée, n'inſpirant que

du mépris pour cet univers, rapporta
tout à l'idée d'un monde différent
de celui-ci. De-là sortit l'idée d'une
perfection inconnue. On vit réduire
en précepte chez tout un peuple,
le détachement des sens, le régne
de l'ame, & je ne sais quoi de sur-
naturel & de sublime qui se mêla à
tout. De là le vœu de continence,
& le célibat consacré. Alors la vie
fut un combat La sainteté des mœurs
étendit un voile sur la société & la
nature. La beauté craignit de plaire ;
la force se redouta elle-même ; tout
apprit à se vaincre ; & l'austérité de
l'ame augmenta tous les jours par les
sacrifices des sens.

Il est aisé de voir la prodigieuse
révolution que cette époque dut produire dans les mœurs. Les femmes,
presque toutes d'une imagination vive
& d'une ame ardente, se livrèrent à
des vertus qui les flattoient d'autant
plus, qu'elles étoient pénibles. Il est

presqu'égal pour le bonheur de satis-
faire de grandes passions, ou de les
vaincre. L'ame est heureuse par ses
efforts ; & pourvu qu'elle s'exerce,
peu lui importe d'exercer son activité contre elle-même.

Une autre loi ordonnoit aux Chrétiens de s'aimer & de se soulager
comme frères. On vit donc le sexe
le plus vertueux comme le plus tendre, tournant vers la pitié, cette
sensibilité que lui a donnée la nature,
& dont la religion lui faisoit craindre ou l'usage, ou l'abus, consacrer
ses mains à servir l'indigence. On vit
la délicatesse surmonter le dégoût ;
& les larmes de la beauté, couler
dans les asyles de la misère, pour
consoler les malheureux. En même
temps, les persécutions faisoient naître les périls. Pour conserver sa foi,
il falloit souvent supporter les fers,
l'exil & la mort. Le courage devint
donc nécessaire. Il y a un courage

froid, qui, né de la raison, eſt intrépide & calme : c'eſt celui de la philoſophie & des affaires. Il y a un courage d'imagination, qui eſt ardent &
qui ſe précipite. Tel eſt le plus ſouvent le courage religieux. Celui des
femmes Chrétiennes fut fondé ſur de
plus grands motifs. On les vit s'élevant au deſſus d'elles-mêmes, courir
aux flammes & aux buchers, & offrir
aux tourmens leurs corps foibles &
délicats.

Cette révolution dans les idées en
dut produire une dans les écrits. Tous
ceux dont les femmes furent l'objet,
devinrent auſtères & purs comme elles.
Preſque tous les Docteurs de ces temps,
mis à la fois par l'Egliſe au rang des
Orateurs & des Saints, louèrent à
l'envi les femmes chrétiennes : mais
celui de tous qui en parle avec plus
d'éloquence, comme avec plus de
zèle, eſt ce Saint Jérôme, qui né
avec une ame de feu, paſſa quatre-

vingts ans à écrire, à se combattre
& à se vaincre ; dont les mœurs furent probablement plus auſtères que
les penchants ; qui dans Rome eut
pour diſciples un grand nombre de
femmes illuſtres ; qui entouré de la
beauté, échappa aux foibleſſes ſans
pouvoir échapper à la calomnie ; &
qui fuyant enfin le monde, les femmes & lui-même, ſe retira dans la
Paleſtine, où tout ce qu'il avoit
quitté, le pourſuivoit encore, tour-
menté ſous la haire, & dans le calme
des déſerts entendant retentir à ſes
oreilles le tumulte de Rome. Tel fut
dans le quatrième ſiécle le plus éloquent panégyriſte des femmes chrétiennes. Cet Ecrivain ardent & ſacré,
& d'un génie impétueux & ſombre,
adoucit en mille endroits ſon ſtyle
pour louer les Marcelle, les Pauline, les Euſtochium, & un grand
nombre d'autres femmes Romaines,
qui au Capitole avoient embraſſé

l'auftérité Chrétienne, & apprenoient dans Rome la langue des Hébreux pour entendre & connoître les livres de Moyfe.

A la chûte de l'Empire, & quand cette foule de barbares qui l'inondèrent, fe divisèrent ou s'unirent pour partager fes débris, le Chriftianifme, pour adoucir des mœurs fauvages, pafla des vaincus aux vainqueurs, & fut prefque par-tout porté par des femmes. On a remarqué que les femmes de tout temps ont eu plus que les hommes ce zèle ardent de religion qui cherche à convertir; foit que par leur foibleffe même elles tiennent davantage à des opinions facrées, qui pour l'ame font un appui de plus; foit que leur imagination plus vive s'enflamme plus fortement fur des objets qui font hors de la nature, & quelquefois hors des bornes ordinaires de la raifon; foit que la perfuafion religieufe chez les

hommes foit plus liée à la réflexion ;
& chez les femmes au fentiment : &
l'un, comme on fait, a bien plus
d'activité que l'autre ; foit qu'elles
regardent la religion qui égale tout,
comme une défenfe pour elles, &
un contre-poids à la foibleffe contre
la force ; foit peut-être enfin que leur
défir naturel de fubjuguer s'étende à
tout, & que pour fe rendre compte
de leur pouvoir, elles foient jaloufes
d'exercer leur afcendant fur ce qu'il
y a même de plus libre, fur les opinions & fur les ames. Quoi qu'il en
foit, ce furent des femmes qui faifant
fervir à leur religion les charmes de
leur fexe, placées fur des trônes &
attirant au Chriftianifme leurs époux,
rendirent une grande partie de l'Europe Chrétienne. C'eft ainfi que la
France, l'Angleterre, une partie de
l'Allemagne, la Bavière, la Hongrie,
la Bohème, la Lithuanie, la Pologne,
la Ruffie, & pendant quelque temps

la Perfe reçurent l'Evangile. Ainfi la
Lombardie & l'Efpagne renoncèrent
aux opinions d'Arius. On voit que
dans ces fiécles le zèle religieux des
femmes , influa fur une partie du
monde. Je ne rapporterai point ici
les noms de ces Princeffes , infcrits
dans des annales barbares , & répétés
depuis par un grand nombre de pa-
négyriftes. Il me fuffit de remarquer
quel fut le genre de mérite qui les
diftingua , & fur quoi roulent les éloges qu'elles ont reçus dans leur fiécle
& chez la poftérité.

Arrêtons-nous un moment fur cette
époque de l'invafion des barbares, &
voyons les changemens qui en réfultè-
rent pour les mœurs. Jamais peut-être
il n'y eut de révolution plus fingulière.
Ce furent des fauvages qui portèrent
avec les embrafemens & les ruines, l'efprit de galanterie qui regne encore aujourd'hui en Europe : & le fyftème
qui nous a fait un principe d'honneur

de regarder les femmes comme fou-
veraines, fyftême qui a eu tant d'influence, nous eft venu des bords de
la mer Baltique & des forêts du
nord (1).

On voit en général par l'Hiftoire
que tous les peuples Septentrionaux
avoient le plus grand refpect pour
les femmes. Partagés entre la chaffe
& la guerre, ils ne daignoient adoucir
leur férocité que pour l'amour. Leurs
forêts furent le berceau de la chevalerie. Les femmes y étoient le prix
de la valeur. Un guerrier pour fe
rendre digne de fa maitreffe, alloit
chercher au loin la gloire & les combats. Les rivalités produifoient des
défis. Les combats finguliers ordonnés
par l'amour enfanglantoient fouvent

_____

(1) C'eft ce fyftême qui a formé en partie
nos manières, nos mœurs, nos fociétés, &
qui parmi nous a le plus influé fur les écrits
& fur les langues.

les forêts & les bords des lacs ; &
le droit de l'épée décidoit des mariages , comme des procès.

Qu'on ne s'étonne pas de ces mœurs.
Chez les hommes peu civilifés , mais
déja raffemblés en grands corps de
peuples , les femmes ont naturellement & doivent avoir le plus grand
empire. Elles y régnent par la force
même de ceux à qui elles comman-
dent. Déja la fociété eft affez établie
pour qu'il y ait en amour des idées
de préférence : elle ne l'eft point affez
pour que les fens foient affoiblis, &
l'imagination ufée par l'habitude. Des
ames fortes & fauvages ignorant tous
ces plaifirs de convention créés par
une fociété polie, fentent plus vivement les plaifirs qui naiffent de la
nature, & des vrais rapports de l'homme. Il fe mêloit même à ces fentimens
quelque chofe de religieux. Plufieurs
de ces peuples errans dans leurs forêts
s'imaginoient que les femmes lifoient

(62)

dans l'avenir, & qu'elles avoient je
ne fçais quoi de facré & de divin.
Peut-être cette idée n'étoit-elle que
l'effet de l'habileté ordinaire aux femmes, & de l'avantage que leur fineffe
naturelle devoit leur donner fur des
guerriers féroces & fimples ; peut-
être auffi des barbares étonnés de
l'empire que la beauté a fur la force,
étoient-ils tentés d'attribuer à quelque chofe de furnaturel, un charme
qu'ils ne pouvoient comprendre (¹).

_____

(1) Cette idée que la divinité fe commu-
nique plus aifément aux femmes, a été tres-
répandue fur la terre. Les Germains, les Bre-
tons, & tous les peuples Scandinaves, l'ont
eue. Chez les Grecs c'étoient des femmes qui
rendoient les Oracles. On connoit le refpect
des Romains pour les Sybilles. On connoit les
Pythoniffes des Hébreux. Les prédictions des
femmes Egyptiennes avoient beaucoup de crédit à Rome fous les Empereurs. Enfin chez la
plûpart des fauvages tout ce qui a, ou paroit
avoir quelque chofe de furnaturel, les cérémonies religieufes, la médecine & la magie, font
entre les mains des femmes.

Ces peuples en inondant l'Europe,
portèrent leurs opinions avec leurs
armes. Bientôt il dut se faire une révolution dans la manière de vivre.
Les climats du nord exigent bien
moins de réserve entre les sexes.
Pendant des invasions qui durerent
trois ou quatre cents ans, on s'accou-
tuma à voir les femmes mêlées aux
guerriers; & cette modestie douce &
timide qui faisoit presqu'une loi à la
beauté, de se dérober à tous les yeux,
cessa d'être regardée comme un devoir.

Chez les anciens la retraite des
femmes fit long-temps partie de la
constitution, parce que le gouvernement & les loix y étoient appuyés
sur les mœurs. Dans l'Europe moderne, les barbares n'ayant fondé par-
tout que des monarchies militaires,
durent peu s'occuper des mœurs;
tout étoit fondé sur la force. Le mêlange des conquérans avec un peu-

ple corrompu & qui avoit tous les
vices de fa profpérité ancienne & de
fon malheur préfent, ne dut pas con-
tribuer encore à leur donner des idées
auftères. On vit donc les peuples du
nord, dans des climats plus doux, unir
les vices des Romains, à la fierté guer-
rière des barbares. Le Chriftianifme
leur donna des loix ; mais en modifiant
leur caraftère, il ne le changea point. Il
fe mêla aux coutumes, & laiffa fubfifter
l'efprit général. Ainfi fe jettèrent peu-
à-peu les fondements des mœurs nouvelles, qui dans l'Europe moderne rap-
prochèrent les deux fexes , donnèrent
aux femmes une efpèce d'empire &
affocièrent par-tout l'amour au courage.

Une chofe à obferver , c'est qu'à-peu-
près dans le même temps, il s'éleva
une religion & un peuple qui établit
& confacra pour toujours dans l'O-
rient l'efclavage domeftique des femmes. Ainfi la même époque qui commença

mença leur empire en Europe , les
deftina à être pour jamais efclaves
en Afie. Leur fervitude s'étendit par
les armes des conquérans Arabes, comme la galanterie du nord s'étoit étendue par les conquêtes des barbares.

Déja on voit naître & fe préparer
d'avance en Europe le régne de la
Chevalerie. Cette inftitution politique
& militaire fut amenée par le cours
des événemens, & par la pente naturelle des efprits & des ames. Sa vé-
ritable époque commence au dixième
fiécle. L'Europe ébranlée par la chûte
de l'Empire n'avoit point encore pris
de confiftance. Depuis cinq cents ans,
rien n'étoit fixe ; rien pour ainfi dire,
n'étoit fondu enfemble. Du mêlange
du chriftianifme avec les anciens ufages des barbares , naiffoit un choc
prefque continuel dans les mœurs ;
du mêlange des droits du Sacerdoce
& de ceux de l'Empire, un choc dans
la politique & dans les loix; du mê-

lange des droits des Souverains & de ceux de la noblesse, un choc dans le gouvernement ; du mèlange des Arabes & des Chrétiens en Europe, un choc dans les religions. De tant de contrastes sortoient la confusion & l'anarchie. Le christianisme qui n'étoit plus dans son temps de ferveur, semblable à un ressort à moitié détendu, assez fort contre les passions froides, déja ne l'étoit plus assez pour réprimer les passions violentes. Il faisoit naître le remord, mais ne prévenoit pas le crime. On faisoit des pélerinages, & on pilloit ; on massacroit, & ensuite on faisoit pénitence. Le brigandage & la débauche se mêloient à la superstition. C'est dans ces temps que des nobles oisifs & guerriers, ayant un sentiment d'équité naturelle & d'inquiétude de religion & d'héroïsme, s'associèrent pour faire ensemble ce que la force publique ne faisoit pas, ou faisoit mal.

Leur objet fut de combattre les Maures en Espagne , les Sarrazins en Orient , les tirans des donjons & des châteaux en Allemagne & en France , d'affurer le repos des voyageurs, comme faifoient autrefois les Hercule & les Thefée , & fur-tout de défendre l'honneur & les droits du fexe le plus foible , contre le fexe impérieux , qui fouvent opprime & outrage l'autre.

Bientôt l'efprit d'une galanterie noble fe mêla à cette inftitution. Chaque Chevalier en fe vouant aux périls , fe foumit aux loix d'une Souveraine. C'étoit pour elle qu'il attaquoit , qu'il défendoit, qu'il forçoit des châteaux ou des villes ; c'étoit pour l'honorer qu'il verfoit fon fang. L'Europe entière devint une lice immenfe , où des guerriers ornés des rubans & des chiffres de leurs maitreffes , combattoient en champ-clos pour mériter de plaire à la beauté.

Alors la fidélité se mêloit au courage ;
l'amour étoit inséparable de l'honneur. Les femmes fières de leur empire , & le tenant des mains de la
vertu, s'honoroient des grandes actions de leurs amans, & partageoient
les passions nobles qu'elles inspiroient.
Un choix honteux les eût flétries. Le
sentiment ne se présentoit qu'avec la
gloire ; & par-tout les mœurs respi-
roient je ne sçais quoi de fier , d'hé-
roïque & de tendre. Jamais peut-être
la beauté n'exerça un empire si puis-
sant & si doux. De-là ces passions si
longues que notre légereté , nos
mœurs, nos petites foiblesses, notre
fureur de courir sans cesse après des
espérances & des desirs, notre ennui
qui nous tourmente & qui se fatigue
à chercher de l'agitation sans plaisir
& du mouvement sans but, ont peine
à concevoir, & tournent tous les jours
en ridicule sur nos théâtres, dans nos
conversations & dans nos livres :

mais il n'en est pas moins vrai que
ces passions nourries par les années,
& irritées par les obstacles, où le respect éloignoit l'espérance, où l'amour
vivant de sacrifices s'immoloit sans
cesse à l'honneur, renforçoient dans
les deux sexes les caractères & les
ames; donnoient plus d'énergie à l'un,
plus d'élévation à l'autre; changeoient
les hommes en héros, & inspiroient
aux femmes une fierté qui ne nuit
point à la vertu.

Tel fut l'esprit de Chevalerie. On
sçait qu'il donna naissance à une
multitude innombrable d'ouvrages en
l'honneur & à l'éloge des femmes.
Les vers dès Troubadours, le Sonnet
Italien, la Romance plaintive, les
Poëmes de Chevalerie, les Romans
Espagnols & François furent autant
de monuments de ce genre, élevés dans des temps d'une barbarie
noble, & d'un héroïsme mêlé de
bisarrerie & de grandeur. Dans les

cours, dans les lices, au combat, aux
tournois , tout se rapportoit aux
femmes ; & il en étoit de même dans
les écrits. On n'écrivoit, on ne pen-
soit que pour elles. Souvent le même
homme étoit Poëte & guerrier; tour-
à-tour il chantoit sur sa lire, & combattoit avec sa lance pour la beauté
qu'il adoroit (1).

----

(1) Tous ces Ouvrages alors célébres, ne
sont plus que l'objet d'une vaine curiosité; ils
ressemblent aux ruines des Palais gothiques.
Presque tous d'ailleurs avoient le même fond ,
& contenoient les mêmes éloges. Toutes les
femmes étoient des prodiges de beauté, comme
de vertu. Cependant la différence dans les nations en mettoit dans les tableaux. Ainsi les
Ouvrages François avoient plus de naïveté ,
les Italiens plus de recherche , les Espagnols
plus d'imagination ; & cela devoit être. Le
caractère naïf des premiers tenoit à la franchise militaire d'un peuple plus accoutumé à
combattre qu'à penser; la finesse des Italiens ,
à des esprits plus exercés, par le commerce des
étrangers, par le mélange des mœurs, par la

Les temps & les mœurs de la Chevalerie en mettant à la mode les
grandes entreprises, les aventures &
je ne sçais quel excès d'héroïsme, ins-
pirèrent le même goût aux femmes.
Toujours les deux sexes se suivent de
loin en s'imitant, & ils s'élèvent, se
renforcent, se corrompent ou s'amo-
lissent ensemble. On vit donc alors
les femmes dans les armées & sous
les tentes. Elles quittoient les incli-
nations douces & tendres de leur sexe,
pour le courage & les occupations
du nôtre. On en vit dans les croisades,

---

foule des petits intérêts politiques ; enfin la
pompe & l'imagination Espagnole tenoit à une
fierté antique, à des têtes exaltées par la cha-
leur du climat, sur-tout au long mélange avec
les Maures & les Arabes, qui durent influer
prodigieusement sur les mœurs, sur la langue,
& par la manière de peindre les objets, sur la
manière de les voir : car si le génie des peuples
forme le langage, le caractère du langage
influe à son tour sur le génie.

animées du double enthousiasme de
la religion & de la valeur, gagner des
indulgences sur les champs de batailles, & mourir les armes à la main,
à côté de leurs amans, ou de leurs
époux. En Europe des femmes atta-
quèrent & défendirent des places ;
des Princesses commandèrent leurs
armées, & remportèrent des victoires.
Telle fut la célèbre Jeanne de Mont-
fort, disputant son Duché de Bretagne,
& combattant elle-même. Telle fut
encore cette Marguerite d'Anjou (1)
active & intrépide, général & soldat,
dont le génie soutint long-temps un
mari foible, qui le fit vaincre, le
replaça sur le trône, brisa deux fois
ses fers, & opprimée par la fortune
& des rébelles, ne céda qu'après avoir
livré en personne douze batailles.

Cet esprit militaire parmi les fem-

_____

(1) Reine d'Angleterre, & femme de
Henri VI.

mes, conforme à des temps de barbarie, où tout eſt impétueux , parce
que rien n'eſt réglé , & où tous les
excès ſont des excès de force , dura
en Europe plus de quatre cents ans ,
ſe montrant de diſtance en diſtance,
& toujours dans de grandes ſecouſſes,
ou dans des moments d'orages. Mais
il y eut un temps & des pays où cet
eſprit ſe ſignala ſur-tout ; ce fut aux
quinzième & ſeizième ſiécles , époque
des invaſions des Turcs en Hongrie
& dans les Iſles de l'Archipel & de
la Méditerranée. Tout ſe réuniſſoit
pour inſpirer aux femmes de ces
pays un grand courage ; d'abord l'eſprit général des ſiécles précédents ; la
terreur même qu'inſpiroient les Turcs;
l'effroi beaucoup plus vif pour tout
ce qui eſt inconnu ; la différence des
habillements , qui agit plus qu'on ne
croit , ſur l'imagination du peuple ; la
différence des religions , d'où naiſſoit
une eſpèce d'horreur miſe au nombre

des devoirs; enfin la prodigieuse différence des mœurs, & sur-tout l'escla-
vage des femmes, qui en Orient regardé comme une simple institution
politique & civile, ne présentoit aux
femmes de l'Europe qui en étoient
menacées, que des idées odieuses de
servitude & de maître, l'honneur gé-
missant, la beauté soumise à des
barbares, & la double tyrannie de
l'amour & de l'orgueil. De tous ces
sentiments devoit naître dans les femmes un courage intrépide pour se
défendre, & quelquefois même un
courage de désespoir. Ce courage
étoit augmenté par l'idée de la religion si puissante, & qui offre toujours
des espérances éternelles pour des
sacrifices d'un moment.

Il ne faut donc pas s'étonner si de
très-belles femmes de l'Isle de Chipre,
étant menées prisonnières à Sélim,
pour être enfermées au sérail, l'une
d'elles préférant la mort, conçut le

projet de mettre le feu aux poudres ;
& après l'avoir communiqué aux autres, l'exécuta ; fi l'année fuivante, une
ville de Chipre étant affiégée par les
Turcs, les femmes coururent en foule
fe mêler aux foldats, & combattant
fur la brêche, contribuèrent à fauver
leur patrie ; fi fous Mahomet II, une
fille de l'Ifle de Lemnos, armée du
bouclier & de l'épée de fon père qui
étoit mort en combattant, arrêta les
Turcs, qui déja forçoient une porte,
& les chaffa jufques fur le rivage ; fi
en Hongrie les femmes fe fignalèrent
dans un grand nombre de fiéges &
de batailles contre les Turcs (1) ; fi
enfin dans les deux fiéges célèbres, &
de Rhodès & de Malthe, les femmes
fecondant par-tout le zèle des Che-
valiers, montrèrent par-tout la plus

---

(1) On cite une femme de Tranfilvanie, qui
dans différents combats avoit tué de fa main
dix Janiffaires.

grande force , non-seulement cette
force d'impétuosité & d'un moment
qui affronte la mort; mais le courage
lent & pénible , qui supporte les travaux & les fatigues de tous les instans.

Cette époque & ces exemples de
courage multipliés chez les femmes
méritent attention : mais à ne con-
sidérer que les révolutions de l'histoire , c'est un spectacle singulier
de voir dans presque toutes les Isles
de l'Archipel , les descendantes de
ces Grecs si fameux , par une révolution de quinze siécles devenues
Chrétiennes & sujettes de la République de Venise , combattre dans
leur Isle & sur les bords de la mer,
pour repousser des conquérans Tartares qui apportoient dans le pays
d'Homère & de Platon , la religion
d'un Prophète Arabe. Les femmes
Hongroises aux prises avec ces mêmes
Tartares ne présentent pas un spectacle moins singulier. On ne peut

douter que ce ne fut le double fentiment , de la religion & de l'honneur qui leur éleva ainfi le courage:
car ce font les deux refforts , qui
dans tous les temps ont produit les
actions les plus extraordinaires chez
les femmes.

Tandis qu'elles combattoient ainfi
dans la Grèce , dans la Hongrie
& dans les Ifles de la Méditerranée , il fe faifoit une autre révolution en Italie ; les Lettres & les
Arts renaiffoient. Cette époque ap-
porta un nouveau changement dans
les idées & les travaux des femmes
célèbres. Une impulfion générale donnée aux efprits tournoit tout le monde
du côté des langues. Il y a un temps
où on prend les fignes des idées pour
les idées mêmes. On croit s'inftruire
en apprenant des mots, comme certains politiques ont cru s'enrichir en
exploitant des mines. Les langues

d'ailleurs étoient des espèces d'énig-
mes qui voiloient des connoiſſances.
Avant de penſer, on veut ſçavoir
l'hiſtoire des penſées des autres. Peut-
être même cette marche eſt - elle
néceſſaire. Dans l'enfance de l'âge les
ſens ramaſſent des matériaux pour
la penſée : dans l'enfance des lettres
l'eſprit recueille d'abord pour com-
biner enſuite. Par-tout c'eſt la mémoire qui donne de l'activité à l'imagination.

Comme les mots mènent aux idées,
la philoſophie ancienne dut renaître
avec les langues. Ceux qui avoient
l'eſprit plus auſtère & l'ame moins
ſenſible, ceux qui croyoient que la
raiſon froide reſſemble plus à la raiſon,
ceux qui attachoient plus de prix à
une certaine logique qui enchaîne,
à la ſubtilité qui diviſe, à je ne ſçais
qu'elle obſcurité vague qui exerce l'eſprit, & laiſſe le mérite de choiſir ſoi-

même & de se fixer ses idées , préfé-
rèrent la philosophie d'Aristote : mais
les gens à imagination & à enthousiasme , ceux qui pardonnoient des
erreurs pour l'éloquence , ceux qui
préféroient une métaphysique spiri-
tuelle & sublime à une dialectique
sèche , & des illusions touchantes à
des erreurs raisonnées , ceux enfin
qui avoient des ames sur lesquelles
des idées même chimériques de perfection , d'ordre & de beauté , faisoient
à la fois une impression douce &
profonde , ne manquèrent pas de
préférer la philosophie de Platon.
L'Aristotélisme occupa donc les Uni-
versités & les Cloîtres ; le Platonisme,
les Poëtes , les amans , les Philosophes
sensibles , & les femmes.

La théologie ou l'art d'appliquer
des raisonnements humains à des
choses célestes , étoit un autre genre
de connoissances qui occupoit & qui
exerçoit alors. Elle étoit à la mode ,

& elle devoit l'être. C'étoit un arse-
nal pour les guerres de religion, un
appui pour la Cour de Rome, une
route sûre pour parvenir aux honneurs. On mettoit donc un grand
prix à cette science ; & les descen-
dants des anciens Romains se rendoient célèbres par des études sacrées,
dans des pays où leurs ancêtres s'é-
toient rendus célèbres par des victoires.

Après des temps de conspirations,
de tyrannies & de petites guerres,
on doit mettre un grand prix aux
loix. La Jurisprudence étoit donc cul-
tivée. On n'en sçavoit pas encore
assez pour être Législateur; mais on
étudioit, on commentoit, on expli-
quoit, on défiguroit les loix Romaines.

La Chevalerie commençoit à s'é-
teindre dans l'Europe, mais elle avoit
laissé une teinte de galanterie Romanesque dans les mœurs, qui de-là
passoit aux ouvrages d'imagination.

On

On faifoit donc beaucoup de vers qui exprimoient des paffions vraies ou feintes , mais toujours refpec- tueufes & tendres. Et comme en France où des nobles oififs paffoient leur vie à combattre , on peignoit prefque toujours l'amour foûs l'idée de conquête ; en Italie où domi- noient des idées d'un autre genre , on faifoit fans ceffe de l'amour une adoration, ou un culte.

Ce mêlange de galanterie & de religion, de platonifme & de poëfie , de l'étude des langues & de celle des loix , de la philofophie ancienne & de la théologie moderne, fut en Italie le caractère général de tous les hom- mes illuftres de ce temps. On remar- que le même caractère dans les fem- mes qui fe diftinguèrent alors. Jamais il n'y en eut tant de célèbres pour les connoiffances. Peut-être qu'au fortir des temps de la Chevalerie , où plufieurs femmes avoient difpu-

té aux hommes le mérite de la valeur, elles voulurent, pour affurer en
tout l'égalité de leur fexe, prouver
qu'elles avoient autant d'efprit que de
courage, & affujettir encore par les
talens ceux qu'elles dominoient par
la beauté. (1).

(1) Dès le treizième fiécle, on avoit vu la
fille d'un gentilhomme Boulonnois fe livrer à
l'étude de la langue latine & des loix. A vingt-
trois ans elle avoit prononcé dans la grande
Eglife de Bologne une oraifon funèbre en latin ;
& l'Orateur pour être admiré, n'eut befoin ni
de fa jeuneffe, ni des charmes de fon fexe. A
vingt-fix ans elle prit les dégrés de Docteur, &
fe mit à lire publiquement chez elle les infti-
tuts de Juftinien. A trente fa grande réputation
lui fit donner une chaire où elle enfeigna le
droit avec un prodigieux concours de toutes
les nations. Elle joignoit les agréments d'une
femme à toutes les connoiffances d'un homme,
& avoit-le mérite en parlant, de faire oublier
jufqu'à fa beauté.

Au quatorzième fiécle, le même exemple fe
renouvella dans la même ville.

Ce qui doit le plus frapper dans
cette époque, c'est l'esprit général.

_____

Au quinzième, même prodige pour la troisième fois.

Enfin il n'est pas inutile de remarquer qu'aujourd'hui, dans cette même ville de Bologne, il
y a encore une chaire de physique remplie avec
distinction par une femme.

A Venise on distingue dans le cours du seizième siécle deux femmes célèbres ; l'une
(Modesta di Pozzo di Zorzi) qui composa avec
succès un grand nombre d'ouvrages en vers, sérieux, plaisans, héroïques ou tendres, & quelques pastorales qui furent jouées ; l'autre (Cassan-
dre Fidèle) qui fut au nombre des femmes les plus
sçavantes d'Italie, qui écrivoit également bien
dans les trois langues d'Homère, de Virgile,
ou du Dante, & en vers comme en prose, qui
possédoit toute la philosophie de son siécle &
des siécles précédens, qui embéllissoit de ses
graces la théologie même, qui soutint des
thèses avec éclat, donna plusieurs fois à Padoue
des leçons publiques, joignit à ces connoissances sérieuses les talens agréables & sur-tout
celui de la musique, & releva encore ses talens
par ses mœurs. Aussi reçut-elle l'hommage des

On voit des femmes prêcher & se
mêler de controverse; des femmes

Souverains Pontifes & des Rois ; & pour être
singulière en tout, elle vécut plus d'un siécle.

A Milan on trouve une Demoiselle de l'illustre
maison de Trivulce, qui jeune encore, prononç-
ça dans l'ancienne langue des Romains, un grand
nombre de discours éloquens, devant des Papes
& des Princes.

A Vérone, une Isotta Nogarolla dans le quinzième siécle, qui se fit de même la plus grande
réputation par son éloquence, que tous les
Souverains étoient curieux d'entendre, & les
hommes célébres de voir.

A Florence une Religieuse de la maison de
Strozzi, qui charmoit l'ennui & l'oisiveté du
cloître par le goût des Lettres ; & de sa solitude
fut connue en Italie, en Allemagne & en France.

A Naples une Sarrochia qui composa un
poëme fameux sur Scanderberg, & fut de son
vivant comparée au Boyardo & au Tasse.

A Rome cette Victoire Colonne, Marquise de
Pescaire, qui aima passionnément les Lettres
& y réussit, pleura très-jeune encore un époux
qui étoit un gran' homme de guerre, & passa
le reste de sa vie entre l'étude & la douleur,

soutenir publiquement des thèses ; des femmes remplir des chaires de

---

célébrant par les Poësies les plus tendres, le héros qu'elle avoit aimé.

Suivez dans le même siécle les femmes illustres de toutes les nations; vous trouverez par-tout le même caractère & les mêmes genres d'études.

Vous verrez en Espagne une Isabelle de Roséres, prêcher dans la grande Eglise de Barcelone, vènir à Rome sous Paul III, y convertir des Juifs par son éloquence, & commenter avec éclat Jean Scot, devant des Cardinaux & des Evêques.

Une Isabelle de Cordoue qui sçavoit le latin, le grec & l'hébreu , & qui avec de la beauté, un nom & des richesses , eut encore la fantaisie d'être Docteur, & prit des dégrés en théologie.

Une Catherine Ribéra dans le même siécle ; qui composa des poësies Espagnoles , moitié dévotes & moitié tendres.

Une Aloysia Sigéa de Toléde , plus célébre que les trois autres , qui, outre le latin & le grec, avoit apprit l'hébreu, l'arabe & le syriaque, écrivit une lettre en ces cinq langues au Pape Paul III , fut ensuite appellée à la Cour

philofophie & de droit; des femmes
haranguer en latin devant des Papes;

de Portugal, y compofa plufieurs ouvrages, &
mourut jeune.

En France vous verrez un très-grand nombre
de femmes, qui dans le même fiécle eurent le
même genre de mérite, & fur-tout une Ducheffe de Retz, qui fous Charles IX, fut célébre même en Italie, & qui étonna les Polonois
lorfqu'ils vinrent demander le Duc d'Anjou
pour leur Roi, furpris de trouver à la Cour une
jeune femme fi inftruite, & qui parloit les langues anciennes avec autant de pureté que de
grace.

Vous trouverez en Angleterre les trois fœurs
Seymour, niéces d'une Reine & filles d'un Pro-
tecteur, toutes trois célébres par leur fcience &
par de très beaux vers latins, qui felon l'efprit
du temps furent traduits dans toute l'Europe.

Jeanne Gray, qui ne fut Reine que pour
monter fur l'échaffaut, & qui avant de mourir
lifoit en grec le fameux Dialogue de Platon fur
l'immortalité

Marie Stuart, la plus belle femme de fon
fiécle, & une des plus inftruites, qui écrivoit
& parloit fix langues, faifoit très-bien des vers
dans la nôtre, & très-jeune prononça à la Cour

des femmes écrire en grec & étudier
l'hébreu; des Religieuses, Poëtes; des

---

de France un discours latin, où elle prouva
que l'étude des Lettres siéd bien aux femmes.

Enfin la fille aînée du fameux Chancelier
d'Angleterre Thomas Morus, dont les connoiffances furent presque éclipsées par les vertus,
& qui après avoir rendu à son père dans sa
prison les soins les plus tendres, l'avoir consolé
dans les fers, avoir acheté très-cher le droit de
lui rendre quelques honneurs funèbres, avoir
racheté à prix d'or sa tête des mains du bour-
reau, accusée elle-même & traînée dans les fers
pour deux crimes, dont l'un étoit de garder
comme une relique la tête de son père, &
l'autre de conserver ses livres & ses ouvrages,
parut avec intrépidité devant ses juges, se juf-
tifia avec cette éloquence que donne la vertu
malheureuse, imprima l'admiration comme le
respect, & passa le reste de sa vie dans la
retraite, la douleur & l'étude.

Tel est le tableau du plus petit nombre de
femmes, qui dans cette époque se signalèrent
chez presque toutes les nations. Il y en eut un
nombre bien plus grand, sur-tout en Italie,
mais nous n'avons indiqué que les plus célèbres.

femmes du grand monde, Théologiennes ; & ce qui arriva plus d'une fois ,
de jeunes filles qui avoient étudié
l'éloquence , & qui avec le visage le
plus doux , & la voix du monde la
plus touchante, s'en alloient pathé-
tiquement exhorter le St. Père & les
Rois à déclarer la guerre aux Turcs.
L'esprit religieux qui anima les femmes de tout temps , se montre encore
ici , mais il a changé de forme. Il a
fait tour-à-tour les femmes martyrs,
apôtres, guerrières, & à fini par les
rendre Théologiennes & sçavantes.
On voit encore le prix incroyable
qu'on mettoit à l'étude des langues.
Chez les particuliers, dans les cloîtres,
dans les cours, & jusques sur les trônes, par-tout le même esprit régnoit.
C'étoit peu pour une femme de lire
Virgile ou Cicéron. La bouche d'une
Jeune Italienne , d'une Espagnole
ou d'une Angloise paroissoit s'embellir, quand elle répétoit des sons hé-

breux, ou prononçoit un vers d'Homère. La poéfie fi chère à l'imagination & aux ames fenfibles, étoit em-
braffée avec tranfport par les femmes.
C'étoit une efpèce de jeu piquant &
nouveau qui pouvoit flatter l'amour-
propre & amufer l'efprit. Peut-être
même le vuide qu'elles éprouvoient
malgré elles & fans s'en douter, dans
une philofophie barbare, dans une
théologie abftraite, & dans une vaine
étude de dialectes & de fons, leur faifoit trouver plus de charmes dans un
art, qui occupe fans ceffe l'imagination par des tableaux, & l'ame par
des fentiments.

Enfin plufieurs d'entr'elles, voulurent réunir prefque tous les genres
de connoiffances ; & quelques-unes y
réuffirent. Ce qu'on a appellé depuis la
fociété, étoit alors beaucoup moins
connu. Le défœuvrement & le luxe
n'avoient pas fans doute inventé l'art
de refter fix heures devant une glace,
pour créer des modes. On faifoit quel-

que chofe du temps. De-là cette multitude de connoiffances acquifes par
les femmes. Obfervons que l'ambition
de tout embraffer, convenoit fur-tout
à la renaiffance des Lettres. Dans la
nouveauté tout le monde s'exagère fes
forces. Ce n'eft qu'en les mefurant
qu'on apprend à les connoître. Les
defirs même alors étoient plus aifés
à fatisfaire. Il s'agiffoit plus de fçavoir que de penfer ; & l'efprit beaucoup plus actif qu'étendu, ne pouvant
encore avoir le fecret des fciences &
de leur profondeur, devoit naturellement les regarder comme un dépôt
contenu dans les livres, dont la mémoire pouvoit s'emparer.

Si dans cette époque les femmes
vouloient dérober toutes les connoiffances des hommes, les hommes de
tous côtés s'empreffoient par des
panégyriques à rendre des hommages
aux femmes. C'étoit la fuite de l'efprit général qui portoit la galanterie
dans les Lettres , comme il l'avoit

porté dans les armes. L'Italie fur-tout
fut inondée de ces fortes d'ouvrages.
Le premier qui donna l'exemple fut
Bocace. On fçait qu'il aima paffionné-
ment les femmes & en fut aimé. Il
compofa en leur honneur un ouvrage
latin , *des femmes illuftres*. Il y parcourt la fable , l'hiftoire Grecque ,
l'hiftoire Romaine, l'hiftoire Sacrée ,
met enfemble Cléopatre & Lucrèce,
Flora & Portie, Sémiramis & Sapho,
Athalie & Didon. Bocace entreprend
fur-tout de réhabiliter l'honneur de
Didon contre Virgile. Le Panégyrifte
prouve contre le Poëte, que jamais la
veuve de Sichée ne lui fut infidèle.
Il eft plaifant de voir enfuite Bocace
faire une fortie éloquente & vigou-
reufe contre les veuves Chrétiennes
qui fe remarient ; l'Auteur du Déca-
méron citer St. Paul, & le commenter à une jeune veuve qui s'excufe fur
fon âge de ce qu'elle n'imite pas Didon. Ce morceau qui eft plaifant, eft

d'une éloquence férieufe: &, ce qu'on
ne croiroit pas, la morale de Bocace
eft auftère.

Après lui plus de vingt Ecrivains
publièrent fucceffivement des éloges
de femmes célébres de toutes les nations (1). Parmi nous Brantome pu-

---

(1) Jofeph Bétuffi, traduifit en Italien l'ouvrage latin de Bocace fur les femmes, & dans
l'ardeur de fon zèle l'enrichit de cinquante ar-
ticles nouveaux.

François Serdonari ne trouva point encore
l'ouvrage complet ; il ramaffa dans toutes les
hiftoires profanes ou faintes, barbares ou non
barbares, tous les noms de femmes connues
qui reftoient encore, & groffit le recueil de
cent vingt éloges.

Ce n'eft pas tout. Un Philippe de Bergame,
Auguftin, mort en 1518, avoit publié dans le
quinzième fiécle un volume latin de femmes
illuftres.

Dans le feizième fiécle, autre ouvrage fur les
femmes célébres, de Jules Céfar Capacio, Se-
crétaire de la ville de Naples.

Un autre de Charles Pinto, en latin & en
vers.

blia un volume des vies des Dames Illuſtres ; mais je remarque que Bran-tome en Chevalier François & en homme de Cour , ne parle que de

———————————————

Un autre de Ludovico Doménichi.

Un autre de Jacques-Philippe Thomaſſini , Evéque dans l'Etat de Veniſe.

Un autre de Bernardin Scardéoni, Chanoine de Padoue, & ſur les femmes illuſtres de Pa-doue.

Un autre de François-Auguſtin della Chiéſa , Evéque de Saluces , ſur les femmes célébres dans la littérature.

Un autre de Louis-Jacob de St. Charles, Re-ligieux Carme, ſur les femmes illuſtres par des Ouvrages.

Un autre dans les Pays Bas d'un Alexandre Van-Denbuſche, ſur les femmes ſçavantes.

Un autre d'un Simon-Martin , Minime en France , ſur les femmes illuſtres de l'Ancien Teſtament.

Un autre du fameux Père le Moine , ſous le titre de Galerie des femmes Fortes.

Je fais grace de beaucoup d'autres que je pourrois nommer.

Reines & de Princeſſes. C'eſt-là qu'on
trouve l'éloge de Catherine de Médicis & de la fameuſe Jeanne de Naples.
Dans ſon ſtyle diffus, ſimple & naïf,
Brantome juſtifie ces deux Reines. Il
nous apprend que la ſeconde fut ſans
foibleſſes, & la première ſans crimes.
Il abſout l'une de ſes amans & du
meurtre de ſon époux : il abſout l'autre
des guerres civiles & de la St. Bar-
thélemi.

Après Brantome un Hilarion de
Coſte , Minime , publia deux volumes in-quarto de huit cents pages
chacun, contenant les éloges de toutes
les femmes du quinzième ou ſeizième
ſiécle , diſtinguées par la valeur, les
talens ou les vertus. Mais en bon Religieux il ne s'eſt permis de louer que
des femmes catholiques. Ainſi par
exemple il s'eſt bien donné de garde
de dire un mot de la Reine Eliſabeth ;
mais auſſi il fait un long & magnifique
éloge de la Reine Marie d'Angleterre,

qui commença par faire affaffiner fur
l'échaffaut Jeanne Gray, âgée de dix-
fept ans, appellée à la couronne par
le teftament du dernier Roi; & qui enfuite dans l'efpace de cinq années
qu'elle régna, fit expirer dans les flammes pour caufe de religion, fix à fept
cents perfonnes de tout rang & de
tout âge. Les éloges de ce Moine
Panégyrifte montent à plus de 170:
mais tout céde à l'Italien Pierre-Paul
de Ribéra, qui publia dans fa langue,
un ouvrage intitulé, *les Triomphes*
immortels & entreprifes héroïques de
huit cent quarante-cinq femmes. Il
feroit difficile fans doute d'avoir une
collection plus complette.

Outre ces gros recueils d'éloges en
l'honneur des femmes célébres, il y
eut un grand nombre d'Ecrivains,
fur-tout en Italie, qui adreffèrent des
panégyriques particuliers à des femmes. Jamais peut-être on ne vit à la
fois tant de Princeffes éclairées que

dans cette partie de l'Europe. Les Cours de Naples, de Milan, de Mantoue, de Parme, de Florence, &c. formoient autant d'écoles de goût, entre lesquelles régnoit une émulation de talens & de gloire. Les hommes s'y distinguoient par les armes, ou par l'intrigue ; les femmes par les connoissances & par les graces. Il y avoit peu de ces petites Cours, où il n'y eut quelqu'homme de Lettres de la plus grande réputation. Dans un pays qui ne forme qu'un grand Etat, il y a peu de talens, parce qu'il n'y a qu'une Capitale, qu'une Cour, & qu'un centre de lumières. Les provinces éloignées n'ont ni la même activité, ni le même goût. Dans un pays comme l'Italie, partagé en une foule d'Etats, & où presque chaque ville formoit une capitale, l'esprit naissoit & se développoit par-tout. C'est sûrement une des causes de la grande supériorité des Italiens. Ce

qui

qui faifoit leur malheur en politique, faifoit leur gloire pour les talens. Tous ces hommes ou de génie ou d'efprit s'attachoient aux femmes cé- lébres, l'ornement de ces Cours. Il y en eut parmi eux qui eftimant la condition par les ames, & croyant que le génie égale tout, osèrent avoir de très-vives paffions pour de grandes Princeffes (1); mais d'autres qui avoient de l'imagi- nation au lieu d'amour, fubftituoient aux paffions la galanterie de l'efprit, & y mêlant les idées Platoniciennes qui régnoient alors, compofoient pour ces Princeffes, en ftyle métaphyfique, des hymnes refpectueux fous le nom d'éloges (2).

(1) Bocace à la Cour de Naples, & le Taffe à la Cour de Ferrare.

(2) De tant d'éloges où recueils de panégy- riques pour des femmes, en vers, en profe, en difcours, en fonnets, le plus fingulier, fans contredit, eft celui qui fut publié à Venife en 1555, fous le titre *de Temple à la divine*

Le même esprit qui dans cette époque créa tant de panégyriques de femmes, fit naître une foule de livres sur
le mérite des femmes en général. On

Signora Jeanne d'Arragon , construit en son
honneur par tous les plus beaux esprits & dans
toutes les langues principales du monde. Cette
femme, une des plus célébres du seizième siécle,
& mariée à un Prince de la maison Colonne, fut
la mère de Marc-Antoine Colonne, qui se signa-
la à la bataille de Lépante contre les Turcs.
L'hommage dont nous venons de parler, ou la
construction poétique de ce Temple lui fut dé-
cernée par un decret passé l'an 1551 , à Venise
dans l'Académie *de Dubbiosi*. Quelques-uns d'entr'eux avoient déja eu l'idée de ce culte; mais
on trouva l'idée trop heureuse pour n'être point
adoptée par le Corps; il y eut seulement une
dispute. Il s'agissoit de sçavoir si Jeanne d'Arragon auroit seule les honneurs du Temple, ou
si on associeroit à sa divinité la Marquise de
Guast sa sœur, & qui n'étoit pas moins célébre.
Mais on jugea apparemment que deux Divi-
nités, deux Souveraines, & deux femmes n'ai-
moient guères à se trouver ensemble. Ainsi
après de graves délibérations , l'Académie dé-
cida que la Marquise de Guast auroit ses autels

éleva l'importante question de l'égalité ou de la prééminence des sexes.
Et pendant cent cinquante ans on
vit une espèce de conspiration d'E-
crivains pour assurer la supériorité aux
femmes. Le chef & un des premiers
auteurs de cette conjuration fut un
homme célébre ; c'est ce Corneille
Agrippa, qui né à Cologne en 1486,
étudia toutes les sciences, embrassa
tous les états , parcourut tous les
pays, porta les armes avec distinction, se fit ensuite Théologien, Docteur en droit, Docteur en médecine,
commenta les épitres de St. Paul en

à part, & Jeanne d'Arragon sa sœur resta unique & exclusive propriétaire des siens. On pro-
céda ensuite à bâtir le Temple ; & les langues
Latine, Grecque, Italienne, Françoise, Espagnole, Sclavonne, Polonoise, Hongroise, Hé-
braïque, Caldaïque, &c. furent employées à la
construction de ce monument, un des plus sin-
guliers sans doute, que la galanterie ait jamais
élevé en l'honneur de la beauté.

Angleterre, donna des leçons fur la
pierre - philofophale à Turin , fur la
Théologie à Pavie , pratiqua la médecine en Suiffe, fut attaché fucceffivement à trois ou quatre Princes &
Princeffes , & n'en fut que plus malheureux ; effuya des injuftices , s'en
plaignit avec courage , fut mis deux
fois dans les fers , & toujours errant
parce qu'il fe laiffa toujours entraîner
à une imagination ardente & foible ,
parce qu'incapable d'être libre &
d'être efclave , il ne fçut avoir ni le
courage de la pauvreté, ni celui de
la dépendance , après avoir excité
tour-à-tour ou à la fois la pitié, l'admiration & la haine , mourut en
France , à quarante-neuf ans , avec
une grande réputation & de grands
malheurs.

Ce fut en 1509, qu'il publia fon
traité *de l'excellence des femmes au*
deffus des hommes. Malheureufement
il avoit alors intérêt de plaire à la

fameuſe Marguerite d'Autriche, qui
gouvernoit les Pays-Bas. On eſt fâché
que cette petite circonſtance ſe ſoit
mêlée à une ſi belle cauſe. Son livre
eſt diviſé en trente chapitres ; & dans
chaque chapitre il démontre la ſupériorité des femmes par des preuves
théologiques, phyſiques, hiſtoriques,
cabaliſtiques & morales. Il met à contribution l'écriture & la fable, les
Hiſtoriens, les Poëtes, les loix civiles,
les loix canoniques, cite un peu plus
qu'il ne raiſonne, & finit par proteſter
que ce n'eſt par aucun intérêt humain
qu'il a écrit, mais par devoir, parce
que tout homme qui connoît la vérité
en doit compte, & qu'alors le ſilence
ſeroit un crime.

Les Italiens en liſant cet ouvrage
durent le regarder comme un vol que
leur avoit fait un Allemand. Mais
s'ils n'eurent pas le mérite de l'in-
vention, on peut dire qu'ils s'en dé-
dommagèrent. Le Cardinal Pompée

Colonne, le Portio, le Lando, le Doménichi , le Maggio , le Bernardo
Spina & beaucoup d'autres , écrivirent
tous sur la perfection des femmes.
Mais l'ouvrage le plus singulier dans
ce genre est celui du Ruscelli; il parut
à Venise en 1552. Ruscelli vint après
tous les autres , & mécontent de la
manière dont on avoit, dit-il, soutenu
avant lui une cause si évidente , il
imagina de nouvelles preuves , bien
sûr qu'après lui il ne seroit plus pos-
sible de douter. Après avoir copié
Agrippa en le critiquant, il se jette
dans des spéculations sublimes , &
s'attache à prouver que la contemplation de la beauté peut seule rendre
l'homme heureux sur la terre, & l'élever à la contemplation de Dieu même.

Tel est le résultat de son ouvrage;
mais ce qu'on ne peut rendre, c'est
l'impression que fait dans la lecture
un mélange continuel de théologie
& de platonisme , le nom de Dieu

mêlé par-tout à celui des femmes ;
Moyſe à côté de Pétrarque & du
Dante ; & dans la même page, & preſque dans les mêmes lignes, des citations de Bocace & de St. Auguſtin,
d'Homère & de St. Jean. Rien à mon
gré ne peint mieux l'eſprit du ſeizième
ſiécle, en Italie ſur-tout, & avec quelle
bonne foi on étoit, ou on vouloit
être tout enſemble amant, dévot,
chrétien, payen, théologien & philo-
ſophe. Peut-être même ce mélange
biſarre devoit-il ſe trouver dans un
pays où l'on rencontre ſouvent les
ruines d'un ancien temple de Jupiter
à côté d'une Egliſe, une ſtatue de St.
Pierre ſur une colonne de Trajan,
& des Madones près d'un Apollon.

Il paroît que même après le Ruſ-
celli il y eut encore des incrédules à
perſuader, & que toutes les conver-
ſions n'étoient pas faites ; car on
trouve encore pluſieurs ouvrages,

G iv

Italiens, Espagnols, & François sur le même sujet (1).

_____

(1) En 1593, il en parut un d'une célébre Vénitienne que j'ai déja citée (Modesta di Pozzo di Zorzi). Elle y soutenoit la supériorité de son sexe sur le nôtre. Son ouvrage eut le plus grand succès ; & malheureusement pour elle, ce qui y ajouta peut-être, c'est qu'on pouvoit la louer sans crainte. Elle venoit de mourir quand l'ouvrage parut. Les hommes d'ailleurs voyent toujours avec plaisir ces sortes d'ouvrages des femmes. L'orgueil qui calcule tout, regarde comme une preuve même de ses avantages, l'effort qu'on fait pour les combattre.

Au dix-septième siécle une autre femme & une autre Vénitienne (Lucrèce Marinella) soutint la même cause. Son ouvrage est intitulé, *la noblesse & l'excellence des femmes avec les défauts & les imperfections des hommes.* Les hommes du moins n'eurent point avec elle le défaut d'être injustes ; & elle eut tout le succès que la beauté donne à l'esprit.

En 1628 , autre ouvrage Italien encore *sur la dignité des femmes.* Pour cette fois l'Auteur étoit un homme ; c'étoit Christophe Bronzini,

Il faut avouer de bonne foi, que de
tant d'ouvrages il y en a bien peu qui

fon ouvrage eft en dialogues & divifé par jours.
On peut concevoir par l'étendue de fon plan
combien la matière lui parut riche : fa divifion
eft de vingt-quatre journées. La huitième qui
roule fur le mariage a feule plus de deux cents
pages. Bronzini en loüant les femmes ne leur
affigne point de rang, & laiffe indécis le procès
des deux fexes.

Mais en 1650, parut un livre où le procès
étoit jugé très-nettement; le titre de l'ouvrage
étoit, *la femme meilleure que l'homme, para-*
doxe par Jacques del Pozzo. On ne fçait pourtant fi les femmes durent être beaucoup flattées
de ce mot de paradoxe.

En Efpagne un nommé Joan de Spinofa fit
dans le feizième fiécle un dialogue à l'éloge
des femmes. On peut croire qu'il les loua avec
toute l'imagination de fon pays, & toute la
majefté de fa langue.

En France nous avons un très-ancien ouvrage fur le mérite des femmes, qu'on traduifit en latin pour lui donner plus de cours. Les
Italiens eux-mêmes l'adoptèrent, & il fut tra-
duit en leur langue par Vincent Calméta.

méritent d'être lus , & qu'il n'y en a
pas un où la question soit traitée: on

Les Françoises ne furent guères moins zélées
que les Italiennes à soutenir l'honneur de leur
sexe.

Marguerite , Reine de Navarre & première
femme de Henri IV , tour-à-tour dévote &
galante , & plus célébre , comme on sçait , par
son esprit que par ses mœurs , dans un ouvrage
en forme de lettre , entreprit de prouver *que la
femme est fort supérieure à l'homme.*

Mademoiselle de Gournay qui mérita d'être
adoptée par Montagne , écrivit aussi pour son
sexe ; mais plus modeste ou moins hardie, elle
borna ses prétentions , & se contenta de l'égalité.

Cette modestie n'empêcha point qu'une Demoiselle de Schurman née à Cologne , & qui
de son temps eut une prodigieuse réputation ,
parce qu'elle réussissoit dans tous les arts, qu'elle
étoit Peintre , Musicienne , Graveur , Sculpteur ,
Philosophe , Géomètre , Théologienne même ,
& qu'elle avoit encore le mérite d'entendre &
de parler neuf langues différentes , ne dit après
avoir lu ce livre en l'honneur de son sexe ; *dans
cet ouvrage , je ne voudrois ni n'oserois tout
éprouver.*

à mis par-tout l'autorité à la place du raisonnement, même quand on a parlé des femmes; mais en pareille matière, comme en beaucoup d'autres, vingt citations ne valent pas une raison.

––––––––––––––

En 1643, il se publia à Paris un autre ouvrage sous ce titre. *La femme généreuse qui montre que son sexe est plus noble, meilleur politique, plus vaillant, plus sçavant, plus vertueux & plus économe que celui des hommes.*

En 1665, Une Demoiselle publia encore à Paris un livre intitulé, *les Dames illustres,* où par bonnes & fortes raisons il se prouve que les femmes surpassent les hommes.

En 1673, autre ouvrage intitulé *de l'égalité des deux sexes,* discours philosophique & moral où l'on voit l'importance de se défaire des préjugés.

En 1675, l'Auteur se réfuta sous un autre nom, en publiant un traité *de l'excellence des hommes contre l'égalité des sexes;* mais on voit qu'il se réfute doucement & qu'il craint d'avoir raison contre lui-même.

En 1691, on vit paroître une troisième édition de cet ouvrage qui eut une sorte de célébrité.

Il femble que pour terminer cette grande queſtion d'amour-propre & de rivalité entre les ſexes, il faudroit examiner la force ou la foibleſſe des organes ; le genre d'éducation dont les deux ſexes ſont ſuſceptibles ; le but de la nature en les formant ; juſqu'à quel point il ſeroit poſſible de la corriger ou de la changer ; ce qu'on gagneroit & ce qu'on perdroit en s'éloignant d'elle ; enfin l'effet inévitable & forcé que la différence des devoirs, des occupations & des mœurs doit produire ſur l'eſprit, l'ame, & le caractère des deux ſexes.

Dans le même ſiècle une Demoiſelle Romieu, d'une famille de Languedoc, voulut ſe reſaiſir de la ſupériorité, & tâcha de l'établir par de bonnes preuves.

Enfin cette opinion ou ce procès produiſit une eſpèce de guerre entre des Ecrivains, d'ailleurs aſſez obſcurs, & fit naître des ouvrages, des réponſes & des repliques, aujourd'hui également inconnues.

S'agit-il de talents & d'efprit , il
faudroit diftinguer l'efprit philofophique qui médite , l'efprit de mémoire qui raffemble, l'efprit d'imagination, qui crée , l'efprit politique
ou moral qui gouverne.

Il faudroit voir enfuite jufqu'à quel
dégré ces quatre genres d'efprit peuvent convenir aux femmes ; fi la foibleffe naturelle de leurs organes, d'où
réfulte leur beauté ; fi l'inquiétude de
leur caractère, qui tient à leur imagination ; fi la multitude & la variété
des fenfations, qui fait une partie de
leurs graces , leur permet cette attention forte & foutenue qui peut com-
biner de fuite une longue chaîne
d'idées ; attention qui anéantit tous
les objets pour n'en voir qu'un & le
voir tout entier , qui d'une feule idée
en fait fortir une foule , toutes en-
chaînées à la première , ou d'un grand
nombre d'idées éparfes extrait une
idée primitive & vafte qui les raffemble toutes.

Ce genre d'efprit eft rare même parmi les hommes, je le fçais ; mais enfin il y a plufieurs grands hommes qui l'ont eu. Ce font eux qui fe font élevés à la hauteur de la nature pour la connoître. Ils ont montré à l'ame la fource de fes idées, affigné à la raifon fes bornes, au mouvement fes loix, à l'Univers fa marche. Ils ont créé des fciences en créant des principes, & agrandi l'efprit humain en cultivant le leur. Si aucune femme ne s'eft mife à côté de ces hommes célébres, eft-ce la faute ou de l'éducation, ou de la nature ?

Defcartes outragé par l'envie, mais admiré par deux Princeffes, vantoit l'efprit philofophique des femmes. Je n'ofe croire que fa reconnoiffance voulut par une erreur de plus, s'acquitter envers la beauté. Sans doute il trouvoit dans Elifabeth & dans Chriftine cette docilité qui s'honore d'écouter un grand homme, & paroît s'affocier à

son génie en suivant la marche de ses
idées. Peut-être même trouvoit-il
dans les femmes la clarté, l'ordre &
la méthode ; mais trouvoit-il de même
la base de l'esprit philosophique, le
doute ? trouvoit-il cette raison froide
qui marche sans se précipiter jamais,
& mesure tous ses pas ? Leur esprit
pénétrant & rapide, s'élance & se
repose. Il a plus de saillies que d'efforts. Ce qu'il n'a point vu en un
instant, ou il ne le voit pas, ou il le
dédaigne, ou il désespère de le voir.
Il seroit donc moins étonnant qu'elles
n'eussent point cette opiniâtre len-
teur, qui seule recherche & découvre
les grandes vérités.

L'imagination sembleroit bien plus
devoir être leur partage. On a ob-
servé que celle des femmes, a je ne
sçais quoi de singulier & d'extraordinaire. Tout les frappe ; tout se peint
en elles avec vivacité. Leurs sens mo-
biles parcourent tous les objets & en

emportent l'image. Des forces inconnues, des liens fecrets tranfmettent
rapidement à elles toutes les impref-
fions. Le monde réel ne leur fuffit
pas ; elles aiment à fe créer un monde
imaginaire ; elles l'habitent & l'em-
belliffent. Les fpectres, les enchante-
ments, les prodiges, tout ce qui fort
des loix ordinaires de la nature, font
leur ouvrage & leurs délices. Elles
jouiffent de leurs terreurs même. Leur
ame s'exalte, & leur efprit eft toujours plus près de l'enthoufiafme.
Mais il faudroit voir jufqu'où cette
imagination appliquée aux arts, peut
développer en elles le talent de créer
& de peindre ; fi elles peuvent avoir
l'imagination forte, comme elles l'ont
vive & légère ; fi le genre de la leur
ne tient pas néceffairement à leurs
occupations, à leurs goûts, à leurs
plaifirs, à leur foibleffe même. Je
demanderai fi leurs fibres plus délicates ne doivent pas craindre des
fenfatious

senfations fortes qui les fatiguent, &
en chercher de douces qui les repo-
sent. L'homme toujours actif est ex-
posé aux orages. L'imagination du
Poëte se nourrit sur la cime des mon-
tagnes, aux bords des volcans, sur
les mers, sur les champs de batailles,
ou au milieu des ruines; & jamais il
ne sent mieux les idées voluptueuses
& tendres, qu'après avoir éprouvé de
grandes secousses qui l'agitent. Mais
les femmes par leur vie sédentaire &
molle, éprouvant moins le contraste
du doux & du terrible, peuvent-elles
sentir & peindre, même ce qui est
agréable, comme ceux qui jettés
dans des situations contraires, passent
rapidement d'un sentiment à l'autre?
Peut-être même par l'habitude de se
livrer à l'impression du moment, qui
chez elles est très-forte, doivent-
elles avoir dans l'esprit plus d'images
que de tableaux. Peut-être leur imagination, quoique vive, ressemble-t-

elle au miroir qui réfléchit tout, mais ne crée rien.

De toutes les paſſions, l'amour ſans contredit eſt celle que les femmes ſentent & qu'elles expriment le mieux. Elles n'éprouvent les autres que foiblement & par contre-coup : celle-là leur appartient ; elle eſt le charme & l'intérèt de leur vie ; elle eſt leur ame. Elles doivent donc mieux réuſſir à la peindre. Mais ſçauront-elles, comme l'Auteur d'Andromaque & de Phèdre , ou celui de Zaïre , exprimer les tranſports d'une ame troublée qui joint les fureurs à l'amour , qui eſt tantôt impétueuſe & tantôt tendre , qui s'adoucit & qui s'irrite, qui verſe le ſang , & qui ſe ſacrifie enſuite elle-même ? Peindront-elles ſes retours, ſes fureurs, ſes orages ? non : & c'eſt la Nature elle-même qui le leur défend. Car la Nature a donné à l'un des deux ſexes l'audace des deſirs & le droit d'attaquer , à l'autre la défenſe

& ces defirs timides qui attirent en
réfiftant. L'amour dans l'un eft une
conquète , & dans l'autre un facrifice.
Il faut donc en général que les femmes de tous les pays & de tous les
fiécles , fçachent mieux peindre un
fentiment délicat & tendre , qu'une
paffion violente & terrible. Enfin
obligées par leur devoir , par la réferve de leur fexe, par le defir d'une
certaine grace qui adoucit tout , à
cacher toujours une partie de leurs
fentiments ; ces fentiments toujours
contraints ne doivent-ils pas s'affoi-
blir chez elles peu-à-peu , & avoir
moins d'énergie que ceux des hommes , qui toujours audacieux & extrè-
mes avec impunité , donnent à leurs
paffions le dégré d'accent qu'ils veulent, & les fortifient encore en les dé-
veloppant ? Une contrainte paffagère
allume les paffions ; une contrainte
durable les amortit ou les éteint.

Pour l'efprit d'ordre & de mé-

moire qui claſſe des faits & des idées
afin de les retrouver au beſoin, comme
il tient beaucoup à l'habitude & à
des méthodes, on ne voit pas pourquoi les deux ſexes n'y réuſſiroient
point également. Cependant pour la
quantité même des matériaux d'où
réſulte l'érudition, il faudroit encore
examiner ſi dans les femmes l'excès
du travail ne produiroit pas plus aiſément le dégoût. Seroit-il vrai que
leur impatience & ce deſir naturel de
changer, qui tient à des impreſſions
fugitives & rapides, ne leur permît
pas de ſuivre pendant des années le
même genre d'étude, & d'acquérir
ainſi des connoiſſances profondes &
vaſtes ? On ſçait qu'il y a des qualités
d'eſprit qui s'excluent. Ce ne peut
être la même main qui taille le dia-
mant, & qui creuſe la mine.

Je viens à un objet plus important,
l'eſprit politique ou moral qui conſiſ-
te dans la conduite de ſoi-même &

des autres. Pour balancer fur cet objet
les avantages ou les défavantages des
deux fexes, il faudroit diftinguer l'u-
fage de cet efprit dans la fociété, &
fon ufage dans le gouvernement.

Dans la fociété les femmes occupées fans ceffe à obferver, par le double intérêt d'étendre & de conferver
leur empire, doivent parfaitement
connoître les hommes. Elles doivent
démêler tous les plis de l'amour-
propre, les foibleffes fecrettes, les
fauffes modefties & les fauffes gran-
deurs, ce qu'un homme eft & ce qu'il
voudroit être, les qualités qu'il montre par l'effort même de les cacher,
fon eftime marquée jufques dans fes
fatyres, & par fes fatyres même. Elles
doivent connoître & diftinguer les
caractères, l'orgueil calme & qui jouit
naïvement de lui-même, l'orgueil
impétueux & ardent qui s'irrite, la
fenfibilité vaine, la fenfibilité tendre,
la fenfibilité brûlante fous des dehors

froids, la légereté de prétention, &
celle qui eft dans l'ame, la défiance
qui naît du caractère, celle de la
méchanceté, celle du malheur, celle
de l'efprit, enfin tous les fentiments
& toutes leurs nuances. Comme
elles mettent un très-grand prix à
l'opinion, elles doivent beaucoup ré-
fléchir fur ce qui la fait naître, la
détruit ou la confirme. Elles doivent
fçavoir comment on la dirige fans
paroître s'en occuper; comment on
peut faire illufion fur cet art même,
quand une fois il eft connu; quel eft
le prix qu'y mettent tous ceux avec
qui elles vivent, & jufqu'à quel point
on peut s'en fervir pour les gouverner.
Dans les affaires elles connoiffent les
grands effets que produifent de petites paffions. Elles ont l'art d'impo-
fer aux unes, en faifant voir qu'on
les connoît, d'éloigner les autres en
fe montrant très-loin même de les
foupçonner. Elles fçavent enchaîner

par des éloges qu'on mérite ; elles
fçavent faire rougir en donnant des
éloges qu'on ne mérite pas. Ce font
toutes ces connoiſſances ſi fines qui
ſervent aux femmes de liſières pour
conduire les hommes. La ſociété eſt
pour elles comme un claveſſin, dont
elles connoiſſent les touches ; elles
ont deviné d'avance le ſon que chacune doit rendre. Mais les hommes,
impétueux & libres, ſuppléant à l'a-
dreſſe par la force , & par conféquent
ayant moins d'intérèt d'obferver ,
entraînés d'ailleurs par le befoin continuel d'agir, ont difficilement cette
foule de petites connoiſſances morales , dont l'application eſt de tous
les inſtants ; leurs calculs pour la ſociété , doivent donc être à la fois
moins rapides & moins ſûrs.

Il faudroit enſuite comparer le genre
d'eſprit des deux ſexes, appliqué au
gouvernement. Dans la ſociété on
gouverne les hommes par leurs paſ-

fions ; & les plus petits refforts font
quelquefois les grands moyens. Mais
dans le gouvernement des états c'eft
par de grandes vues, par le choix
des principes, fur-tout par la diftinction & l'emploi des talents, que l'on
peut obtenir des fuccès. C'eft-là, que
loin de fe fervir des foibleffes, il faut
les craindre, & qu'il faut élever les
hommes au deffus d'eux, au lieu de
les y ramener fans ceffe. Ainfi dans
la fociété l'art de gouverner eft celui
de flatter les caractères, au lieu
que l'art de l'adminiftration, eft prefque toujours celui de les combattre.
La connoiffance même des hommes
qu'il faut dans tous les deux, n'eft
pas la même. Dans l'un il faut connoître les hommes par leur foibleffe,
& dans l'autre par leur force. L'un
tire parti des défauts pour de petites
fins, l'autre découvre les grandes
qualités qui tiennent à ces défauts
même. Enfin l'un cherche les petits

coins dans le grand homme ; & l'au=
tre doit démêler un grand homme
fouvent dans celui qui n'eft rien encore ; car il y a des ames qui n'exif-
tent point pour tout ce qui eft mé-
diocre.

Voyons maintenant fi ce genre
d'efprit & d'obfervation convient
également aux deux fexes. Je fçais
qu'il y a des femmes qui ont régné ,
& qui régnent encore avec éclat.
Chriftine en Suède , Ifabelle de Caf-
tille en Efpagne, Elifabeth en Angleterre , ont mérité l'eftime de leur
fiécle & de la poftérité. Nous avons
vu dans la guerre de 1741 , une Prin-
ceffe que nous admirions en la combattant , défendre l'Empire avec autant de génie que de courage ; & nous
voyons encore aujourd'hui l'Empire
Ottoman ébranlé par une femme.
Mais dans les queftions générales il
faut craindre de prendre les excep-
tions pour des régles , & chercher ce

qui est dans le cours ordinaire de la
nature. Il faudroit donc voir si dans
la société les femmes n'étant, & ne
pouvant presque jamais être en action,
peuvent aussi bien connoître les talents, leur emploi, & leur usage ou
leurs bornes ; si les grandes vues &
l'application des grands principes
supposant l'habitude de saisir des ré-
sultats d'un coup-d'œil, conviennent
à leur imagination de détail, & au peu
d'habitude qu'elles ont de généraliser
leurs idées. C'est le caractère sur-tout
qui gouverne, c'est la vigueur de l'ame
qui donne du ressort à l'esprit, qui
affermit & qui étend les idées politiques ; mais le caractère ne peut presque jamais être formé que par de
grands mouvements, de grandes espérances ou de grandes craintes, &
le besoin de se déployer sans cesse
en agissant : celui des femmes n'est-il
donc pas destiné en général à avoir
plus d'agrément que de force ? Leur

imagination rapide, & qui fait quelquefois marcher le fentiment au-devant de la penfée, ne les rend-t'elles
pas dans le choix des hommes, plus
fufceptibles, ou de prévention ou
d'erreur? Enfin les calomnieroit-on
beaucoup, rifqueroit-on même de
leur déplaire, fi on ofoit leur dire
qu'elles doivent dans la diftribution
de leur eftime, mettre un peu trop
de prix aux agréments, & être portées à croire qu'un homme aimable
peut être plus facilement un grand
homme?

C'eft peut-être là le défaut qu'on
put reprocher à Elifabeth. Les goûts
de fon fexe perçoient à travers les
foins du Trône & la grandeur de fon
caraĉère. On eft fâché dans certains
moments, de la voir mêler aux vues
des grandes ames les foibleffes des
plus petites. Peut-être fi Marie Stuard
eût été moins belle, fa rivale eût été
moins barbare. Ce goût de coquette-

rie, comme on fçait, donna à Elifabeth des favoris, qu'elle jugea bien
plus en femme qu'en Souveraine. Elle
crut trop aifément que l'art de lui
plaire fuppofoit du génie.

Cette même Reine fi fameufe à
tant de titres, exerça fur les Anglois
un pouvoir prefqu'arbitraire, & dont
peut-être on n'eft pas affez furpris.
En général les femmes fur le Trône,
font plus portées au defpotifme, &
s'indignent plus des barrières. Le fexe
à qui la Nature affigna la puiffance
en lui donnant la force, a une certaine confiance qui l'élève à fes propres yeux, & n'a pas befoin de s'at-
tefter à lui-même des forces dont il
eft fûr. Mais la foibleffe s'étonne du
pouvoir qu'elle a, & précipite ce pouvoir de tous les côtés pour s'en affurer elle-même. Les grands hommes
ont peut-être plus le genre de defpotifme qui tient à la hauteur des
idées ; & les femmes hors de la claffe

ordinaire, le defpotifme qui tient aux paffions ; le leur eft une faillie de leur ame, bien plus que le fruit d'un fyf-tême.

Une chofe favorife le defpotiíme des femmes qui gouvernent ; c'eft que les hommes confondent en elles l'em-pire de leur fexe avec celui de leur rang. Ce qu'on eut refufé à la gran-deur, on l'accorde à la beauté. D'ail-leurs le pouvoir des femmes, même arbitraire, n'eft prefque jamais cruel. Elles ont plutôt un defpotifme de fantaifies que d'oppreffion. Le Trône même ne peut les guérir de leur fen-fibilité ; elles portent dans leur ame le contre-poids de leur puiffance (1).

Si après avoir comparé les deux

---

(1) Il fuit de-là que dans une Monarchie limitée, les femmes fur le Trône tendroient plus au defpotifme, & que dans un pays def-potique elles fe rapprocheroient de la Monar-chie par la douceur. Et c'eft ce qui eft affez prouvé par l'expérience.

fexes par les talents , nous les comparons par les vertus, nous trouverons d'autres rapports. D'abord l'expérience & l'hiſtoire nous apprennent que dans toutes les ſectes , tous les pays, & tous les rangs, les femmes ont plus que les hommes les vertus religieuſes. Naturellement plus ſenſibles, elles ont plus beſoin d'un objet qui ſans ceſſe occupe leur ame; elles portent à Dieu un ſentiment qui a beſoin de ſe répandre, & qui ailleurs ſeroit un crime. Avides du bonheur, & le trouvant moins autour d'elles, elles s'élancent dans une vie & vers un monde différent. Extrêmes dans leurs deſirs , rien de borné ne les ſatisfait. Plus dociles ſur les devoirs, elles les raiſonnent moins , & les ſentent mieux. Plus aſſervies aux bienſéances, elles croyent encore plus à ce qu'elles reſpectent. Moins occupées & moins actives, elles ont plus le temps de contempler. Moins diftraites au dehors, elles s'affectent fortement de la même idée, parce qu'elles la voyent sans cesse. Plus frappées par les yeux, elles goûtent plus l'appareil des cérémonies & des temples; & la religion des sens influe encore sur celle de l'ame. Enfin gênées par-tout, privées d'épanchement avec les hommes par la contrainte de leur sexe, avec les femmes par une éternelle rivalité, elles parlent du moins de leurs plaisirs & de leurs peines à l'Etre suprème qui les voit, & souvent déposent dans son sein des foiblesses qui leur sont chères, & que le monde entier ignore. Alors se rappellant leurs douces erreurs, elles jouissent de leur attendrissement même sans se le reprocher; & sensibles sans remords, parce qu'elles le font sous les regards de Dieu, elles trouvent des délices secrettes jusques dans le repentir & les combats. Il sembleroit donc par une suite même du caractère des

femmes, que leur religion devroit être
plus tendre & celle des hommes plus
forte ; l'une tenant plus à des prati-
ques & l'autre à des principes ; &
qu'en exaltant les idées religieuses,
la femme seroit plus proche de la
superstition, & l'homme du fanatisme.
Mais si une fois le fanatisme s'empare
d'elle, son imagination plus vive
l'emportera plus loin ; & plus féroce
par la crainte même d'être sensible,
ce qui faisoit une partie de ses charmes
ne contribuera plus qu'à ses fureurs.

Aux vertus religieuses tiennent de
très-près les vertus domestiques ; &
sans doute elles devroient être com-
munes aux deux sexes : mais ici l'avantage se trouve encore du côté des
femmes ; du moins elles doivent plus
avoir des vertus qui leur sont plus
nécessaires. Dans le premier âge,
timide & sans appui, la fille est plus
attachée à sa mère ; ne la quittant
jamais, elle apprend plus à l'aimer.

Tremblante

Tremblante elle se rassure auprès de celle qui la protége ; & sa foiblesse qui fait sa grace, augmente encore sa sensibilité. Devenue mère, elle a d'autres devoirs, & tout l'invite à les remplir. Alors l'état des deux sexes est bien différent. Au milieu des travaux & parmi tous les arts, l'homme déployant sa force, & commandant à la Nature, trouve des plaisirs dans son industrie, dans ses succès, dans ses efforts même. La femme plus solitaire a bien moins de ressources. Ses plaisirs doivent naître de ses vertus ; ses spectacles sont sa famille. C'est auprès du berceau de son enfant, c'est en voyant le souris de sa fille & les jeux de son fils, qu'une mère est heureuse. Et où sont les entrailles, les cris, les émotions puissantes de la Nature ? Où est ce caractère tout à la fois touchant & sublime qui ne sent rien qu'avec excès ? Est-ce dans la froide indiffé-

rence & la trifte févérité de tant de
pères ? non : c'eft dans l'ame brûlante
& paffionnée des mères. Ce font elles
qui par un mouvement auffi prompt
qu'involontaire , s'élancent dans les
flots pour en arracher leur enfant
qui vient d'y tomber par imprudence.
Ce font elles qui fe jettent à travers
les flammes , pour enlever du milieu
d'un incendie leur enfant qui dort
dans fon berceau. Ce font elles , qui
pâles , échevelées , embraffent avec
tranfport le cadavre de leur fils mort
dans leurs bras , collent leurs lévres
fur fes lévres glacées , tâchent de
réchauffer par leurs larmes fes cendres infenfibles. Ces grandes expreffions , ces traits déchirans qui nous
font palpiter à la fois d'admiration ,
de terreur & de tendreffe , n'ont jamais appartenu ; & n'appartiendront
jamais qu'aux femmes. Elles ont dans
ces moments je ne fçais quoi qui les
éléve au deffus de tout , qui femble

nous découvrir de nouvelles ames ;
& reculer les bornes connues de la
Nature.

Confidérez les devoirs même d'où
naît la fidélité des époux ; lequel des
deux fexes y doit être plus attaché ?
lequel pour les violer a plus d'obftacles à vaincre ? eft mieux défendu
par fon éducation, par fa réferve,
par cette pudeur qui repouffe même
ce qu'elle defire, & quelquefois dif-
pute à l'amour fes droits les plus
tendres ? Calculez le pouvoir que la
Nature donne au premier penchant
& aux premiers nœuds, dans un cœur
né fenfible, & à qui jufqu'à préfent
il a été défendu d'aimer. Calculez la
force de l'opinion même qui régne
avec tant d'empire fur l'un des deux
fexes, & qui tyran bifarre, pour les
mêmes foibleffes applaudit fouvent
l'un, tandis qu'il flétrit l'autre. La
Nature attentive, pour conferver les
mœurs des femmes, a pris foin elle-

même de les environner des barrières les plus douces. Elle a rendu pour elles le vice plus pénible, & la fidélité plus touchante. Non, & il faut l'avouer, ce n'est presque jamais par elles que commence le désordre des familles; & dans les siécles même où elles corrompent, elles ont été auparavant corrompues par leur siécle.

Après les vertus religieuses & domestiques viennent les vertus sociales; & d'abord les vertus de sensibilité: ce sont toutes les passions affectueuses & douces. On sçait qu'au premier rang sont l'amitié & l'amour.

C'est une grande question de sçavoir lequel des deux sexes est le plus propre à l'amitié. Montagne qui a si bien connu ou deviné la Nature, & qui nous a volé, il y a deux cents ans, une partie de la philosophie de notre siécle, décide nettement la question contre les femmes; mais sur cet objet il prononce plutôt qu'il n'examine.

On remarque même dans tout son
livre, qu'en général il rend peu de
justice aux femmes. Peut-être étoit-il
comme ce juge qui craignoit tant
d'être partial, qu'il avoit pour principe de faire toujours perdre le procès à ses amis. Sur cette question, si
je conversois avec Montagne, j'oserois lui dire : vous convenez sans
doute que l'amitié est le sentiment de
deux ames qui se cherchent, & qui
ont besoin de s'appuyer l'une sur
l'autre. Or il sembleroit qu'entre les
deux sexes, celui dont la tête & les
bras sont le plus occupés, qui est le
plus distrait, qui est le plus libre, qui
peut plus hautement répandre ses
idées & déployer tous ses sentiments,
qui dans la prospérité jouit plus par
l'orgueil, qui dans le malheur est plus
humilié qu'attendri, qui dans tous les
états a la conscience de ses forces &
se les exagère, peut se passer bien
plus aisément du commerce & des

doux épanchements de l'amitié: mais les femmes, tendres & foibles & par là même ayant plus befoin d'appui; dans l'intérieur plus expofées aux chagrins & aux peines fecrettes, ayant plus de ces douleurs de l'ame, qui affectent plutôt la fenfibilité que l'orgueil ; dans le monde , forcées prefque toujours de jouer un rôle, & remportant avec elles une foule de fentiments & d'idées qu'elles ca- chent & qui leur pèfent ; les femmes enfin pour qui les chofes ne font rien, & les perfonnes prefque tout ; les femmes en qui tout réveille un fen- timent, pour qui l'indifférence eft un état forcé, & qui ne fçavent prefque qu'aimer ou haïr , femblent devoir fentir bien plus vivement la liberté & le plaifir d'un commerce fecret, & les douces confidences que l'amitié fait & reçoit.

Montagne ne manqueroit pas de me répliquer: vous jugez les femmes d'après la Nature; jugez-les d'après la société, & sur-tout la société des grandes villes. Voyez si le désir général de plaire, sentiment plus frivole que profond, & bien plus vain qu'il n'est tendre, ne doit pas dessécher leur ame, & étouffer en partie leur sensibilité même. Voyez, si flattées par des éloges éternels, & accoutumées au plus doux des empires, elles peuvent se plier à ces sacrifices de tous les jours, & à cette heureuse égalité que l'amitié impose. Voyez enfin si avec nous leur amitié plus timide ne doit point avoir plus de réserve ; & qu'est-ce qu'une amitié qui est sur ses gardes, où tous les sentiments sont couverts d'un demi-voile, & où il y a presque toujours une barrière entre les ames? Je ne vous parle point de leur amitié en-tr'elles. On n'y croyoit point trop dans mon siécle ; & c'est apparemment de même dans le vôtre: mais

je vous demanderai jufqu'à quel point
elles peuvent s'aimer, dans le monde
fur - tout où fans ceffe elles fe com-
parent & font comparées, ou un re-
gard les divife, où leurs prétentions
fe multiplient, où elles ont des rivalités de rang, de beauté, de fortune,
d'efprit, de fociété même : car l'a-
mour-propre toujours calculant, toujours mefurant, vit de tout, s'irrite
de tout, & fe nourrit même de ce
qui l'irrite.

Non, pourroit ajouter Montagne,
l'amitié n'eft point en fuperficie, en
jargon, en vaines phrafes plus ridicules encore pour celui qui les croit,
que pour celui qui les dit. C'eft un
fentiment qui demande de l'énergie
dans l'ame, & une profondeur d'efprit
comme de caractère. C'eft une union
fainte & prefque religieufe, qui par
une efpèce de culte confacre tout
entier l'ami à fon ami. C'eft une paffion qui transforme deux volontés en

une , & fait vivre deux êtres de la
même vie & de la même ame. L'amitié eft impofante & févère; pour en
bien remplir les dévoirs, il faut être
capable de parler & d'entendre le
langage mâle & auftère de la vérité.
Il faut avoir un courage qui ne s'é-
tonne ni des facrifices, ni des dangers.
Il faut fur-tout cette unité de caractère , que les femmes par la variété
& la mobilité éternelle de leurs paffions ont rarement, & qui fait qu'on eft
fur de fentir, de penfer, & d'agir comme
fon ami dans toutes les occafions &
tous les inftans. Que dis-je ? on ne
s'affocie pas fortement fans de grands
intérêts. Et les femmes par leur
état même font vouées au repos. La
Nature les fit comme les fleurs pour
briller doucement fur le parterre qui
les vit naître : mais les arbres nés &
élevés au milieu des orages, & par
leur vigueur même plus menacés
d'être brifés par les vents, ont bien

plus befoin de s'appuyer les uns les
autres, & de fe foutenir en s'uniffant.

De toutes ces objections, il s'en-
fuivroit peut-être que l'amitié dans
les femmes doit être plus rare; mais
il faut convenir que lorfqu'elle s'y
trouve, elle doit être auffi plus délicate & plus tendre. Les hommes en
général ont plus les procédés que les
graces de l'amitié. Quelquefois en
foulageant ils bleffent; & leurs fentiments les plus tendres ne font pas
fort éclairés fur les petites chofes
qui ont tant de prix. Mais les femmes
ont une fenfibilité de détail qui leur
rend compte de tout. Rien ne leur
échappe: elles devinent l'amitié qui
fe tait; elles encouragent l'amitié timide; elles confolent doucement l'a-
mitié qui fouffre. Avec des inftru-
ments plus fins, elles manient plus
aifément un cœur malade; elles le re-
pofent, & l'empêchent de fentir fes
agitations. Elles fçavent fur-tout don-

ner du prix à mille chofes qui n'en auroient pas. Il faudroit donc peut-être défirer un homme pour ami dans les grandes occafions ; mais pour le bonheur de tous les jours, il faut défirer l'amitié d'une femme.

Les femmes en amour ont les mêmes délicateffes & les mêmes nuances. Mais l'homme peut-être s'enflamme plus lentement , & par dégrés : les paffions des femmes font plus rapides ; ou elles naiffent tout-à-coup , ou elles ne naîtront point. Plus gênées , leurs paffions doivent être plus ardentes. Elles fe nourriffent dans le filence , & s'irritent par le combat. La crainte & les allarmes, mêlent chez les femmes l'inquiétude à l'amour, & en les occupant le re-doublent encore. Quand l'homme eft fûr de fa conquête, il peut avoir plus d'orgueil ; mais la femme n'en a que plus de tendreffe. Plus fon aveu lui a coûté, plus ce qu'elle aime lui de-

vient cher. Elle s'attache par ſes ſacrifices. Vertueuſe elle jouit de ſes
refus; coupable elle jouit de ſes remords même (1). Ainſi les femmes,
quand l'amour eſt paſſion, ſont les
plus conſtantes : mais auſſi, quand
l'amour n'eſt qu'un goût, elles ſont
les plus légères. Car alors elles n'ont
plus ce trouble, & ces combats, &
cette douce honte qui grave ſi bien
le ſentiment dans leur ame. Il ne leur
reſte que des ſens & de l'imagination :
des ſens gouvernés par des caprices;
une imagination qui s'uſe par ſon
ardeur même, & qui en un inſtant
s'enflamme & s'éteint.

Après l'amitié & l'amour vient la
bienfaiſance, & cette compaſſion
qui unit l'ame aux malheureux. On
n'ignore point, que c'eſt-là ſur-tout
le partage des femmes. Tout les diſ-

_____

(1) On peut ici faire mille objections;
mais je ne parle que des femmes qui ſont de
leur ſexe.

pofe à l'attendriffement de la pitié.
Les bleffures & les maux révoltent
leurs fens plus délicats. L'image de
la misère & du dégoût offenfe leur
douce moileffe. L'image des douleurs
& des chagrins affecte plus profondément leur ame , que leur propre
fenfibilité tourmente. Elles doivent
donc être plus empreffées à fecourir.
Elles ont fur-tout cette fenfibilité
d'inftinct, qui agit avant de raifonner,
& a déja fecouru quand l'homme dé-
libère. Leur bienfaifance en eft moins
éclairée peut-être , mais plus active.
Elle eft auffi plus circonfpecte & plus
tendre. Quelle femme a jamais manqué de refpect au malheur ?

Mais il faudroit examiner fi les femmes fi fenfibles en amitié, en amour,
envers les malheureux , peuvent s'élever jufqu'à l'amour de la patrie qui embraffe tous les citoyens , & à l'amour
général de l'humanité qui embraffe
toutes les nations.

Je ne prétends point rabaisser l'a-
mour de la patrie. C'est le plus généreux des sentiments ; c'est du moins
celui qui a produit le plus de grands
hommes, & qui a fait naître ces héros antiques, dont l'histoire étonne
tous les jours notre imagination &
accuse notre foiblesse. Mais si nous
voulons décomposer ce ressort, &
examiner de près en quoi il consiste,
nous trouverons que l'amour de la
patrie chez les hommes est presque
toujours un mélange d'orgueil, d'intérêt, de propriété, d'espérance, de
souvenir de leurs actions ou des sacrifices qu'ils ont fait pour leurs concitoyens, & d'un certain enthousiasme factice qui les dépouille d'eux-
même, pour transporter leur existence
toute entière dans le corps de l'Etat.
Or il est aisé de voir que presqu'aucun de ces sentiments ne convient
aux femmes. Dans presque tous les
gouvernements du monde, exclues des

honneurs & des charges , elles ne peuvent ni obtenir , ni efpérer , ni s'attacher à l'Etat par l'orgueil d'avoir joui des places. Ayant peu de part dans la propriété , & gênées par les loix dans celle même qu'elles ont , la forme de légiflation dans tout pays doit leur être affez indifférente. N'agiffant , ne combattant jamais pour la patrie, elles n'ont aucun fouvenir flatteur qui les y enchaîne, par la vanité ou des travaux ou des vertus. Enfin exiftant plus dans elles-mêmes & dans les objets qui les attachent, & peut-être moins dénaturées que nous par les inftitutions fociales auxquelles elles ont moins de part, elles doivent être moins fufceptibles de l'enthoufiafme qui fait préférer l'Etat à fa famille, & fes concitoyens à foi. On ne manquera point de m'objecter les fameufes citoyennes de Rome & de Sparte. Je répondrai qu'il ne faut pas comparer les républiques ancien-

nes à nos conſtitutions modernes:
On m'objectera encore les prodiges
des femmes Hollandoiſes dans la révolution des ſept provinces. Je répondrai que l'enthouſiaſme de la liberté peut tout ; qu'il y a des temps
où la Nature s'étonne de n'ètre plus
elle-mème ; & que les grandes vertus
naiſſent des grands malheurs.

Mais ſi l'amour de la patrie eſt peu
fait pour les femmes, l'amour général de l'humanité qui s'étend ſur les
nations & ſur les ſiécles , & qui eſt
une eſpèce de ſentiment abſtrait ,
ſemble convenir encore moins à leur
nature. Il faut pouvoir ſe peindre ce
qu'on aime. Ce n'eſt qu'à force de
généraliſer ſes idées, que le Philoſo-
phe parvient à franchir tant de barrières, qu'il paſſe d'un homme à un
peuple, d'un peuple au genre humain,
du temps où il vit, aux ſiécles qui
naîtront un jour, & de ce qu'il voit
à ce qu'il ne voit pas. Les femmes
n'égarent

point ainſi leur ame au loin. Elles raſſemblent autour d'elles leurs ſentimens & leurs idées, & veulent tenir à ce qui les intéreſſe. Ces meſures ſi vaſtes ſont pour elles hors de la nature. Un homme eſt plus pour elles qu'une nation ; & le jour où elles vivent, plus que vingt ſiécles où elles ne ſeront pas.

Parmi les vertus ſociales , il y en a d'autres qu'on peut appeller plus proprement vertus de ſociété, parce qu'elles en ſont l'agrément & le lien. Leur uſage eſt de tous les inſtans. Elles ſont dans la vie ordinaire, ce qu'eſt la monnoie courante en fait de commerce. Telle eſt cette douceur qui rend le caractère plus ſouple, & donne aux manières un charme qui attire; l'indulgence qui pardonne les défauts, lors même qu'on n'a pas beſoin de pardon pour ſoi; l'art de ne point voir les foibleſſes qui ſe montrent, & de garder le ſecret à celles qui ſe

K

cachent; l'art de déguiser ses propres
avantages, quand ils humilient ceux
qui ne les ont pas ; l'art de ne tyran-
niser ni les volontés ni les desirs, &
de ne point abuser de la foiblesse
même, qui en obéissant s'indigne; &
la complaisance qui adopte les idées
qu'elle n'a point eues ; & la préve-
nance qui devine les craintes & en-
courage les pensées; & la franchise
qui inspire une si douce confiance ; &
toute cette politesse enfin, qui peut-
être n'est pas la vertu, mais qui en
est quelquefois l'heureux mensonge,
qui donne des régles à l'amour-propre, & fait que l'orgueil à chaque
instant passe à côté de l'orgueil sans
le heurter.

Nous ne suivrons pas le parallèle
des sexes dans tous ces sentiments :
mais on remarque en général que les
femmes corrigent ce que l'excès des
passions mettroit d'un peu dur dans
le commerce des hommes. Leur main

délicate adoucit, pour ainſi dire, &
polit les reſſorts de la ſociété. On
voit que leur politeſſe eſt une ſuite
de leur caractère; elle tient à leur eſprit, à leur fineſſe, à leur intérêt
même. Pour les plus vertueuſes, la
ſociété eſt un lieu de conquêtes. Peu
d'hommes ont fait le ſyſtème de renvoyer tout le monde content, & tant
pis pour ceux qui l'auroient : mais
beaucoup de femmes ont eu ce projet, & quelques-unes y réuſſiſſent.
Plus leur ſociété s'étend, plus ce
genre de mérite ſe perfectionne, parce
qu'alors il y a plus de petits intérèts
à concilier, & de caractères à réunir.
C'eſt une machine qui ſe complique,
& demande plus de ſupériorité pour
aſſortir les mouvements (1).

---

(1) En général on eſt d'autant plus poli,
qu'on eſt moins à ſoi & plus aux autres, qu'on
tient plus à l'opinion, qu'on eſt plus jaloux
d'être diſtingué, qu'on a peut-être moins de

Mais auffi cette politeffe fi fine doit quelquefois mener à la fauffeté. On met l'expreffion du fentiment à la place du fentiment même. De-là le reproche fi répété contre les femmes. Il faut convenir que par leur nature elles font plus portées à tous les genres de diffimulation. C'eft la force

―――――――――――――――――

reffources & de grands moyens pour l'être. Enfin, chez les particuliers comme chez les peuples, & dans les fexes comme dans les rangs, la politeffe fuppofe encore l'oifiveté, parce qu'elle fuppofe l'habitude & le befoin de vivre enfemble. Et c'eft de-là que naît l'art des ménagements, le befoin des égards, & toutes les petites jouiffances de la vanité. On s'accoutume à donner ce qu'on reçoit, & à exiger ce qu'on donne. Ainfi la délicateffe de l'amour-propre produit tous les rafinements de la fociété ; comme la délicateffe des fens produit la recherche des plaifirs ; & la délicateffe de l'efprit (qui peut-être n'eft que le réfultat des deux autres) produit la fineffe du goût. On voit comme tous ces objets tiennent enfemble, & comme ils tiennent aux femmes.

qui déploye tous ses mouvements en
liberté ; mais la foiblesse & l'art de
plaire, doivent observer & mesurer les
leurs. Ainsi les femmes plus timides,
apprennent à cacher les sentiments
qu'elles ont, & finissent par montrer
ceux qu'elles n'ont pas. L'homme peut
avoir de la franchise sans vertu ,
parce que souvent elle est sans effort,
& qu'elle peut être en lui le besoin
d'une ame impétueuse & libre; mais
la sincérité chez les femmes , quand
elle est réelle , ne peut être qu'un
mérite. Quelquefois l'homme faux
joue la franchise par système : les
femmes se piquent rarement de ce
genre d'hypocrisie ; & quand par
hasard elles l'ont, elles donnent leur
franchise comme une marque de confiance, pour plaire davantage; c'est
un sacrifice qu'elles font à l'amitié.
Ainsi l'homme a de la franchise par
orgueil, & la femme par adresse. L'un
peut dire une vérité sans autre objet

que la vérité : dans la bouche de l'autre, la vérité même a toujours un but. La fauſſeté de l'homme va preſque toujours à ſes intérêts; elle n'eſt que pour lui : celle de la femme va preſque toujours à plaire; elle ſe rapporte toute aux autres. De ces deux fauſſetés, l'une vous trompe, & l'autre vous ſéduit. Enfin la flatterie ſe trouve également dans les deux ſexes : mais celle de l'homme eſt ſouvent dégoûtante à force d'être baſſe ; celle de la femme eſt plus légère & paroît de ſentiment. Même quand elle eſt outrée , elle eſt amuſante , & n'eſt jamais vile ; le motif & la grace la ſauvent du mépris.

Pour achever ce parallèle qui n'eſt déja que trop long, il faudroit examiner encore dans les deux ſexes, les vertus rigides qui tiennent à l'équité, & ces qualités vigoureuſes & fortes qui tiennent au courage. Mais toutes les diſtinctions qu'on pourroit

faire fur ces objets, partiroient toujours des mêmes principes. Ainfi à
l'égard de l'équité d'où naiffent les
devoirs d'une juftice auftère & im-
partiale, fi entre les deux fexes il y
en a un qui fente prefque toujours
avant que de juger; fi fon imagination qui l'entraîne, lui donne des
averfions ou des penchants dont il ne
fe rend pas compte; fi une règle uni-
forme & inflexible doit fatiguer fes
caprices; fi enfin dans tous les temps
il fe décide bien plus par des idées
particulières, que par des vues générales; il faut avouer alors que cette
équité rigide qui voit moins les circonftances que la règle, & les perfonnes que les chofes, feroit moins
faite pour lui. Auffi, rarement les
femmes font-elles comme la loi qui
prononce fans aimer ni haïr. Leur
juftice foulève toujours un coin du
bandeau, pour voir ceux qu'elles ont
à condamner ou à abfoudre. Ouvrez

l'hiftoire ; vous les verrez toujours voifines ou de l'excès de la pitié, ou de l'excès de la vengeance. Il leur manque cette force calme qui fçait s'arrêter : tout ce qui eft modéré les tourmente.

Une femme de beaucoup d'ef-prit (1), a dit que les François fem-bloient s'être échappés des mains de la Nature , lorfqu'il n'étoit encore entré dans leur compofition que l'air & le feu. Elle en auroit pu dire autant de fon fexe : mais fans doute elle n'a pas voulu trahir fon fecret.

Il feroit bien hardi de vouloir dé-cider jufqu'où la nature des deux fexes paroît fufceptible de courage : mais ce mot de courage eft vague, & pour en fixer l'idée , il en faudroit diftinguer de différentes efpèces. On connoît la diftinction du courage

_____

(1) Madame de Graffini , Lettres Péru-viennes.

d'efprit , & du courage phyfique :
mais ces deux genres fe fubdivifent
encore. Ainfi dans le courage d'efprit on trouve un courage de principes, qui fait braver l'opinion ; un
courage de volonté, qui donne de
l'énergie à l'ame, & l'empêche d'être
gouvernée; un courage de conftance,
qui fupporte l'idée des longs travaux
& les travaux même ; un courage de
fang-froid, qui dans les circonftances
délicates voit tout , & voit bien : &
dans le courage phyfique un courage
contre la douleur , qui fçait fouffrir ;
un courage contre les périls , foit
celui d'audace qui affronte, foit celui
d'intrépidité qui attend ; un courage
d'habitude , qui eft de tous les jours,
& s'applique à tous les objets ; & ce
courage d'enthoufiafme, qui eft comme
la fièvre d'une ame ardente , qui naît
& s'éteint, & fait braver dans un
temps ce qu'on eut redouté dans un
autre.

Je laisse à mes Lecteurs à faire
'application de ces détails. Mais ce
qu'on doit remarquer, c'est que de
tous les genres de courage, celui que
les femmes ont le plus, est celui de
la douleur ; ce qui vient sans doute
de la foule des maux auxquels les a
soumises la Nature. Quoi qu'il en soit,
elles aimeroient cent fois mieux souffrir que déplaire, & braveroient bien
plutôt la douleur que l'opinion. On
a vû aussi dans les dangers, des
exemples d'un courage extraordinaire
chez les femmes. Mais c'est toutes
les fois qu'une grande passion, ou
une idée qui les remue vivement,
les enlève à elles-mêmes. Alors leur
imagination qui s'enflamme, leur fait
vaincre leur imagination même ; &
leur sensibilité ardente portée toute
vers un objet, étouffe les petites
sensibilités d'habitude, d'où naît la
crainte, & qui produisent la foiblesse.
Elles ont dans ces secousses une force

qui brave tout , & va plus loin qu'une force habituelle , qui par fa continuité même a moins de reffort , & doit être moins voifine de l'excès.

Telle eft dans la queftion de l'égalité ou de la fupériorité des fexes, une partie des objets qu'il eût fallu difcuter & mettre dans la balance. Pour la bien traiter , il faudroit tout à la fois être Médecin, Anatomifte, Philofophe , raifonnable & fenfible , & fur-tout avoir le malheur d'être parfaitement défintéreffé.

Le feizième fiècle qui avoit vu naître & s'agiter cette queftion, fut peut-être l'époque la plus brillante pour les femmes. Après ce temps on trouve beaucoup moins d'ouvrages en leur honneur. Cette efpèce d'enthoufiafme général d'une galanterie férieufe, étoit un peu tombée. L'extinction entière de la Chevalerie en Europe, l'abolition des tournois, les guerres de religion en Allemagne,

en Angleterre, & en France, les femmes appellées dans les Cours, & les
mœurs qui doivent naître de l'oifiveté, de l'intrigue, & de la beauté
regardée comme un inftrument de
fortune, enfin le nouveau goût de
fociété qui commença par-tout à fe
répandre, goût qui polit les mœurs
en les corrompant, & qui, en mèlant
davantage les deux fexes, leur apprend à fe chercher plus & à s'eftimer moins ; tout contribua à dimi-
nuer un fentiment, qui pour être profond a befoin d'obftacles, & d'un
certain état de l'ame où elle puiffe
s'honorer par fes defirs, & s'eftimer
par fa foibleffe même.

Cependant cette révolution ne fe fit
que lentement parmi nous. Sous François premier qui donna le fignal de la
corruption en France, on trouve encore en amour des jaloufies, des vengeances, des haines, & des crimes
qui prouvent des mœurs. Sous Ca-

(157)

therine de Médicis, ce fut un mélange de galanterie & de fureurs. L'ardeur Italienne vint se mêler à la volupté Françoise. Tout fut intrigue. On parloit de carnage dans des rendez-vous d'amour, & l'on méditoit, en dansant, la ruine des peuples. Cependant les soins même de la politique & de la guerre, les factions, les partis, & je ne sçais quoi de romanesque qui restoit encore, donnoient une certaine vigueur aux ames, qui se portoit jusques dans les sentimens que les femmes inspiroient. Sous Henri IV, on vit une galanterie plus douce. Il eut les mœurs d'un Chevalier, & les foiblesses d'un Roi sensible. On se fit honneur de l'imiter; & les courtisans accoutumés aux actions d'éclat & aux conquêtes, audacieux & brillans, portèrent dans l'amour cette espèce de courage noble qu'ils avoient montré dans les combats. On se corrompoit par-tout;

mais on ne s'aviliſſoit point encore.

Sous Louis XIII , l'eſprit qui commença à ſe développer , fit mêler la
métaphyſique à la galanterie. On
connoît les fameuſes thèſes que le
Cardinal de Richelieu fit ſoutenir ſur
l'amour. Ce qu'on ſeroit tenté de
prendre pour une eſpèce de parodie
& une charge comique , n'étoit que
l'expreſſion ſérieuſe des mœurs de ce
temps - là. Les guerres de religion
avoient mis la controverſe à la mode.
Le nouveau goût des Lettres faiſoit
prendre les formes ſcolaſtiques pour
la ſcience. Le faux bel eſprit naiſſoit
du deſir de l'eſprit, & de l'impuiſſance
d'en avoir. La galanterie qui ne détruit rien & ſe mêle à tout , parce
qu'elle n'a rien de profond , & qu'elle
eſt plutôt une tournure de l'eſprit
qu'un ſentiment, la galanterie adop-
toit tous ces mélanges , & s'étoit
formé un nouveau jargon, tout à la
fois myſtique , métaphyſique & ro-

manefque. Ce n'étoit que differtations
fur les délicateffes & les facrifices de
l'amour. Quoiqu'on difterte peu fur
ce qu'on fent beaucoup , cependant
ces converfations même & ces maxi-
mes , annonçoient un tour d'imagination, qui en permettant la galanterie,
y joignoit la tendreffe , & lioit toujours à l'idée des femmes une idée
de fenfibilité & de refpeɛ̃t.

La régence d'Anne d'Autriche &
la guerre de la minorité furent une
époque fingulière. La France étoit
dans l'anarchie , mais on mêloit les
plaifanteries aux batailles & les vau-
devilles aux faɛ̃tions. Alors tout fe
menoit par des femmes. Elles eurent
toutes dans cette époque cette efpèce
d'agitation inquiéte que donne l'efprit
de parti, efprit moins éloigné de leur
caraɛ̃tère qu'on ne penfe. Les unes
imprimoient le mouvement, les autres
le recevoient. Chacune felon fon intérêt & fes vues, cabaloit, écrivoit,

conspiroit. Le temps des assemblées
étoit la nuit. Une femme au lit, ou
sur sa chaise longue, étoit l'ame du
conseil. Là on se décidoit pour négo-
cier, pour combattre, pour se brouil-
ler, pour se raccomoder avec la Cour.
Les foiblesses secrettes préparoient
les plus grands événements. L'amour
présidoit à toutes les intrigues. On
conspiroit pour ôter un amant à sa
maîtresse, ou une maîtresse à son
amant. Une révolution dans le cœur
d'une femme, annonçoit presque toujours une révolution dans les affaires (1).

_____

(1) Chaque femme avoit son département
& son empire. Madame de Montbazon, belle
& brillante, gouvernoit le Duc de Beaufort;
Madame de Longueville, le Duc de la Rochefoucault; Madame de Chatillon, Nemours &
Condé; Mademoiselle de Chevreuse, le Coad-
juteur; Mademoiselle de Saujon, dévote &
tendre, le Duc d'Orléans; & la Duchesse de
Bouillon son mari. Cependant Madame de

Les

Les femmes dans le même-temps paroissoient souvent en public & à la tête des factions. Alors elles joignoient à leur parure les écharpes qui distinguoient leur parti. On se seroit cru transporté dans le pays des Romans, ou au temps de l'ancienne Chevalerie. On voyoit dans des salles ou sur des places, des instruments de musique, mêlés avec des instruments de guerre; des cuirasses & des violons, & des beautés parmi des guerriers. Souvent elles visitoient les troupes, & prési-

_____

Chevreuse, vive & ardente, se livroit à ses amans par goût, & aux affaires par occasion ; & la Princesse Palatine tour-à-tour amie & ennemie du grand Condé, par l'ascendant de son esprit bien plus que de ses charmes, subjuguoit tous ceux à qui elle vouloit plaire, & qu'elle avoit, ou la fantaisie ou l'intérêt de persuader. On sçait qu'elle eût tout à la fois une ame passionnée & un esprit ferme, & qu'elle parut aussi romanesque en amour, que politique dans les intérêts d'Etat.

L

doient à des conseils de guerre (1).
La dévotion chez les femmes se mêloit à l'esprit de faction, comme
l'esprit de faction à la galanterie.
Lisez les mémoires du temps ; vous
verrez Mademoiselle remplir les devoirs les plus sacrés de la religion,

_____

(1) Il y eut un Régiment créé sous le nom
de *Mademoiselle*: & *Monsieur* écrivoit à des
femmes qui avoient suivi sa fille à Orléans,
*à Mesdames les Comtesses Maréchales de camp
dans l'armée de ma fille contre le Mazarin.*
Personne n'ignore ce que fit cette Princesse,
qui avoit tout le courage d'esprit qui man-
quoit à son père. On sçait qu'à Orléans, elle
escalada presque les murs, tandis qu'on dé-
libéroit si on devoit la recevoir. Et à la porte
St. Antoine, pendant que le grand Condé se
couvroit de gloire contre Turenne, qui n'étoit
plus grand, que parce qu'il combattoit pour
son Prince, elle étoit au milieu des morts &
des blessés, donnant dans Paris tous les ordres
que personne, ou ne pouvoit ou ne vouloit
donner, & se faisant obéir par respect de ceux
qui pouvoient lui désobéir par devoir.

avant de partir pour un voyage où
elle alloit cabaler contre le Roi. A
Orléans elle fait la guerre civile, &
va à complies. Elle donne des au-
diences réglées aux rébelles, au retour
de la Meffe. On cabaloit le matin,
& on vifitoit les couvents le foir;
jamais on ne vit plus de femmes de
la Cour fe faire Carmélites. Il femble qu'au milieu des troubles les ames
fe portoient à tout avec plus d'im-
pétuofité ; & les imaginations échauf-
fées par tant de mouvements, fe pré-
cipitoient également vers la guerre,
vers l'amour, vers la religion & vers
les cabales.

A l'égard de l'efprit de galanterie,
il eut à-peu-près le même caractère,
ou les mêmes fymptômes que fous
Louis XIII ; excepté que la guerre
civile, & cette efpèce d'exagération
que les mouvements extraordinaires
donnent à l'ame, fortifia la petite
teinte de Chevalerie qui reftoit en-

core dans l'amour. Anne d'Autriche avoit porté à la Cour de France une partie des mœurs de son pays. C'étoit un mélange de coquetterie & de fierté, de sensibilité & de réserve, c'est-à-dire, un reste de l'ancienne & brillante galanterie des Maures, jointe à la pompe & à la fierté des Castillans. Alors danses, romans, comédies, intrigues, tout fut Espagnol. Les déguisements, les scènes de nuit, les aventures devinrent à la mode ; seulement la vivacité Françoise substitua les violons, au son languissant des guitares. On jouoit de grandes passions qu'on n'avoit pas ; on se faisoit honneur d'afficher publiquement les passions qu'on avoit. Un hommage rendu à la beauté, étoit regardé de la part des hommes comme un devoir. Alors les plus petites choses avoient une valeur ; & le don d'un bracelet ou une lettre faisoit un événement dans la vie. On parloit aussi sérieusement

de galanterie ou d'amour, que du gain
d'une bataille (1).

C'eſt ce caractère qui forma l'eſprit des premiers Romans du ſiécle
de Louis XIV ; Romans éternels,
parce qu'on croyoit que toute paſſion
doit être longue; ſérieux, parce qu'on
regardoit une paſſion comme une
choſe importante dans la vie ; pleins
d'aventures, parce qu'on s'imaginoit

---

(1) On connoît ces vers du Duc de la Rochefoucault à Mad. de Longueville.

Pour mériter ſon œur, pour plaire à ſes beaux
　　yeux
J'ai fait la guerre aux Rois, je l'aurois faite
　　aux Dieux.

On vit le Duc de Bellegarde qui s'étoit dé-
claré hautement l'amant de la Reine, en prenant congé d'elle pour aller commander une
armée, lui demander pour faveur qu'elle voulût
bien toucher la garde de ſon épée. On vit pendant la guerre civile M. de Chatillon amoureux
de Mademoiſelle de Guerchi, porter dans une
bataille une de ſes jarretières nouée à ſon bras.

que l'amour devoit tourner les têtes ;
pleins de converfations , parce qu'on
faifoit de l'amour une fcience qui
avoit fes principes, & une méthode ;
héroïques fur-tout, parce qu'il falloit
mettre les plus grands hommes aux
pieds des femmes, & que le préjugé
étoit alors que l'amour devoit con-
fulter l'honneur, & s'élever par fon
objet, au lieu de chercher à l'avilir.

C'eft ce caractère qui forma notre
théâtre, & fubjuguant jufqu'à Corneille, lui fit placer l'amour entre les
intérêts d'Etat & les vengeances, entre les confpirations & les parricides.

C'eft cet efprit général régnant dans
l'enfance de Louis XIV , qui lui
donna peut-être avec les femmes ce
caractère, tout à la fois grand & fenfible, par lequel jeune encore & dans
une paffion ardente, il voulut placer
une de fes fujettes fur le trône, & fut
enfuite capable de fe vaincre ; par
lequel il conçut une paffion , non

moins vive pour Henriette d'Angleterre, & sçut y mettre un frein ; par
lequel toujours Roi quoiqu'amant, il
sçut dès sa jeuneſſe mettre de la
dignité dans ſes plaiſirs. Mais quoiqu'il couvrit toujours la volupté de
la décence, cependant les mœurs des
femmes par une révolution nécef-
ſaire, durent s'altérer ſous ſon régne.

Juſqu'alors les vices de la Cour
n'avoient guères été ceux de la nation. Les différents ordres de l'Etat,
étoient plus ſéparés. On touchoit encore au temps où les grands Sei-
gneurs avoient une grandeur perſon-
nelle, qui les avoit rendus tout à la
fois redoutables pour la Cour , &
tyrans pour le peuple. Plus ils étoient
puiſſans, plus les rangs étoient mar-
qués. L'orgueil ne ſe mêle pas , &
fait ſigne que l'on recule. Le deſpotiſme ſuprême abat toutes les barrières; mais le deſpotiſme ſubalterne
les multiplie pour ſe ſéparer davan-

rage de ceux qui oferoient prétendre à l'égalité. Dans cet état, la corruption & l'audace des mœurs font prefque regardées comme un privilége du rang. Les vices même de ceux qui oppriment, font pour les autres une partie de leur oppreffion ; & l'on eft moins porté à imiter ceux que l'on hait. D'ailleurs la communication des mœurs de la Cour, ne pouvoit fe faire que par la haute magiftrature & les gens riches ; mais les Magiftrats plus auftères, étoient plus renfermés. Vivant entre l'étude & les loix, ils étonnoient la Cour, & ne l'imitoient pas. A l'égard des gens riches, la plûpart n'étoient que riches. La honte de certaines fortunes n'admettoit point la familiarité de l'orgueil. Le luxe qui feul rapproche la grandeur, de la richeffe, vice de quelques particuliers, n'étoit pas la maladie générale. Les uns n'avoient pas encore befoin de trafiquer de leurs noms ;

les autres ne penfoient point encore
à en acheter un. Comme on s'occupoit plus de fes devoirs , il y avoit
moins de temps à perdre ; ainfi moins
de fociété. Les mœurs de tout ce qui
n'étoit pas la Cour , étoient donc
plus fauvages ; & cette efpèce de
groffièreté antique étoit une barrière
de plus , parce qu'elle étoit un ridicule. Le contrafte des manières mar-
quoit où l'orgueil devoit s'arrêter
pour ne pas fe confondre. Entre la
capitale & les provinces , il n'y avoit
guères moins de barrières , qu'entre
les états. Moins de grands chemins,
de fûreté, de voitures, fur-tout moins
de luxe & de befoins, & par conféquent beaucoup moins de cette activité inquiète qui fait qu'on fe dé-
place , & qu'on va chercher dans la
capitale, de l'or , de la fervitude &
des vices , retenant chacun fous le
toît de fes pères, contribuoit à prolonger les mœurs de la nation.

Mais fous Louis XIV tout changea:
Les gens de la Cour n'ayant plus
que des titres fans pouvoir, & réduits
à une grandeur de repréfentation au
lieu d'une grandeur réelle, refluèrent
davantage vers la fociété & vers la
ville. L'inégalité des fortunes s'augmenta par l'inégalité des impôts. On
mit plus de prix aux richeffes. Les
grands eurent plus de befoins, les
riches plus de fafte, les pauvres corrompus par leurs defirs, moins de
mœurs; tout fe rapprocha. La magni-
ficence & le luxe du Prince fortifia
encore ces idées. On s'endetta par
devoir, & l'on fe ruina par orgueil.
On ménagea bientôt ceux qu'on mé-
prifoit. Pour cònferver fes titres, il
fallut les partager. L'or énlevé aux
pauvres devint le médiateur entre les
riches & ies grands. La magiftrature
même changea. Tout ce qui alloit à
Verfailles, en prit les mœurs. La
fociété plus polie fit difparoître la

différence des tons. La rouille des vieux ufages s'effaça. Tous les ordres fe mêlèrent. On accourut des provinces : la mifère des campagnes, le luxe des villes, l'ambition, le commerce, la réputation du Prince & fes conquêtes, les fêtes romanefques de fa cour, les plaifirs même de l'efprit, tout attira dans la capitale ; on y vint en foule quitter fes préjugés, rougir de fes mœurs, & tout à la fois fe polir, s'enrichir & fe corrompre.

Il eft trop aifé de voir l'influence que tous ces changeme⸱ ⸱ & ce mêlange univerfel duren⸱ ⸱⸱ fur les femmes. La galanterie ⸱⸱vint une mode, & l'aifance des mœurs une grace. Tout imita la Cour, & d'un bout du royaume à l'autre, les vices circulèrent avec les agréments.

Une autre révolution accompagna celle des mœurs. Dans un pays où naiffoit le goût de la fociété & des lettres, le goût de l'efprit dut gagner

les femmes. Mais comme le goût ne
se forme que lentement, que le naturel & la grace tiennent à un ins-
tinct délicat qui sent quelquefois le
vrai, sans pouvoir le définir; comme
on est porté à croire que ce qui coûte
doit être admiré, & que pour être
mieux il ne faut ressembler à personne; comme ce qui est faux paroît
quelquefois brillant, parce qu'il présente une face nouvelle, & cache une
partie de l'objet pour faire sortir le
reste; comme enfin tout ce qui est
de mode, s'exagère, on dut prendre
d'abord le bel esprit pour l'esprit. Les
femmes qui aspirèrent à se distinguer,
créèrent des expressions qu'on admiroit beaucoup, parce qu'on les en-
tendoit peu. On mit des mots singu-
liers à la place des idées qu'on n'avoit
pas; & pour n'être pas commun, on
devint ridicule. Tout contribua à ce
délire, les livres Italiens & Espagnols,
qui étoient alors très à la mode, les

lettres de Voiture, les romans de Mademoiselle Scudéry, l'admiration très-réelle pour ce qu'on appelloit les *précieuses*, les converfations de l'hôtel de Rambouillet, enfin la fociété & le nom impofant de Madame de Longueville, qui après avoir été dans la fronde à la tête des factions, vieille & fans amans comme fans cabale, fe défennuyoit à faire de la métaphyfique fur l'amour & des differtations fur l'efprit, & à préférer naïvement Voiture à Corneille.

On fçait que Molière en chargeant ce ridicule, le fit difparoître. Quelques femmes enfuite fe livrèrent aux lettres, & quelques-unes cultivèrent les fciences ; mais ce fut bien loin d'être l'efprit général. Dans le fiécle le plus éclairé, on ne pardonna point aux femmes de s'inftruire. Il femble que la nation diftinguée par fa valeur & par fes graces, ait toujours craint

d'avoir une autre eſpèce de mérite.
Le goût des lettres a été regardé
comme une ſorte de méſalliance pour
les grands, & un pédantiſme pour les
femmes. Ce mépris ſecret digne des
Francs nos ayeux, dut retenir ſur-
tout le ſexe que l'opinion gouverne
le plus. Quelques femmes bravèrent
ce préjugé, mais on leur en fit un
crime. Comme tout ce qui eſt bien a
ſon excès, & qu'un bon mot ne peut
manquer d'être une raiſon ; en aſſo-
ciant ce qui eſt ridicule à ce qui eſt
utile, on vint aiſément à bout de
décrier les connoiſſances dans les
femmes. Deſpréaux & Molière joignirent au préjugé, l'autorité de leur
génie. Mais trop habiles pour y manquer, tous deux chargèrent le tableau
pour faire rire. Molière ſur-tout mit
la folie à la place de la raiſon, & l'on
peut dire qu'il trouva l'effet théâtral
plus que la vérité.

· En effet, à examiner la queſtion, il
ſemble que dans un pays & dans un
ſiécle où l'on eſt prodigieuſement loin
de cette première innocence qui attache des plaiſirs purs à la retraite,
& à l'heureuſe ignorance de tout, hors
de ſes devoirs ; dans un ſiécle où les
mœurs générales ſont corrompues
par l'oiſiveté, où tous les vices ſe
mêlent par le mouvement, & où on
ne peut plus remplacer ou ſuppléer
les vertus que par les lumières, au
lieu de détourner les femmes d'acquérir des connoiſſances & de s'inſtruire, il falloit les y encourager.
Armande & Philaminte ſont des êtres
très-ridicules, j'en conviens, & qui
méritent qu'on en faſſe juſtice: mais
le bon-homme Chriſale, qui dans ſa
groſſièreté franche & bourgeoiſe, ren-
voye ſans ceſſe les femmes à leur dez,
leur fil, & leurs aiguilles, & ne veut
pas qu'une femme liſe & ſçache rien
hors *veiller ſur ſon pot*, n'eſt plus du

siécle de Louis XIV. (1) C'étoit remon-
ter à deux cents ans; c'étoit oublier que
les mœurs d'un siécle sont incompa-
tibles avec celles d'un autre ; & que
par un certain enchaînement de vertus & de vices, il y a un progrès
nécessaire de lumières comme de
mœurs, auquel il est impossible de
résister. On peut dire que c'est sur-
tout pour la législation du théâtre
qu'est fait le principe de Solon, de
donner non les meilleures loix possibles , mais les meilleures relative-
ment au peuple & au temps. Ainsi
au lieu de faire contraster avec les

---

(1) Voyez dans les femmes sçavantes l'excellente scène septième , du second acte. On sent
bien que je ne prétends point blâmer ici ce rôle
de Chrisale comme rôle comique : il est du plus
grand effet ; & dans ce genre Chrisale & Mar-
tine sont véritablement les deux rôles de génie
de la pièce. Je l'examine seulement du côté
moral , & indépendamment de tout effet de
théâtre.

deux folles que Molière a peintes, ce Chrisale qui est donné pour l'homme raisonnable de la pièce, & qui n'est que l'homme raisonnable d'un autre siècle ; si on avoit peint une femme jeune & aimable, qui eût reçu du côté des connoissances & de l'esprit la meilleure éducation, & qui eût conservé toutes les graces de son sexe ; qui sçût penser profondément & qui n'affectât rien ; qui couvrît d'un voile doux ses lumières, & eût toujours un esprit facile, de manière que ses connoissances acquises parussent ressembler à la Nature ; qui pût apprécier & sentir les grandes choses, & ne dédaignât jamais les petites ; qui ne fît usage de l'esprit que pour rendre plus touchant le commerce de l'amitié ; qui en étudiant & connoissant le cœur de l'homme, n'eût appris qu'à avoir plus d'indulgence pour les foiblesses, & de respect pour les vertus ; qui enfin mît les devoirs avant tout,

M

mais les connoiſſances après les devoirs , & n'employât la lecture qu'à
remplir les inſtans que laiſſe dans le
monde le vuide des ſociétés & de ſoi-
même , & à embellir ſon ame en cultivant ſa raiſon ; peut-être alors la
comédie de Molière admirable à tant
d'égards , & excellente en tout point
ſi elle eût été faite pour un ſiécle moins
avancé , eût préſenté pour le ſiécle
poli & corrompu de Louis XIV , à
côté du ridicule une leçon , & dans
les femmes l'uſage heureux des lumières à côté de l'abus (1).

·Quoi qu'il en ſoit, les femmes ſous
Louis XIV , furent preſque réduites
à ſe cacher pour s'inſtruire , & à rougir de leurs connoiſſances , comme
dans des ſiècles groſſiers , elles euſſent

_____

(1) Je ne ſçais pas ſi Molière eût trouvé
un pareil modèle dans le ſiècle de Louis XIV ;
mais je ſçais bien qu'il l'eût trouvé dans le
nôtre.

rougi d'une intrigue. Quelques-unes
cependant osèrent se dérober à l'ignorance dont on leur faisoit un devoir;
mais la plûpart cachèrent cette har-
diesse sous le secret : où si on les
soupçonna, elles prirent si bien leur
mesure, qu'on ne put les convaincre;
elles n'avoient que l'amitié pour con-
fidente ou pour complice. On voit
par-là même que ce genre de mérite
ou de défaut ne dut pas être fort
commun sous Louis XIV : mais par
la politesse générale du siècle, il y eut
chez les femmes , un autre genre
d'esprit très à la mode alors, & sur-
tout à la Cour ; c'est cet esprit aimable & qui n'a que des graces légères ,
qui n'est point gâté par les connoissances, ou y tient si peu qu'on lui
pardonne, qui écrit très-agréablement
des bagatelles, & peut se compro-
mettre jusqu'à écrire quelquefois de
jolis vers, qui dans la conversation
charme toujours sans paroître y pré-

tendre, plaît à tout le monde, n'hu-
milie perfonne, & lors même qu'il eft
le plus brillant, l'eft de manière qu'on
l'excufe, & qu'on voit bien qu'il n'y
a pas de fa faute. Tel fut, comme on
fçait l'efprit des la Fayette, des Ninon,
des la Suze, des la Sablière & des Sevigné, des Thianges & des Montef-
pan, de la Ducheffe de Bouillon &
de la belle Hortenfe Mancini fa fœur,
enfin de Madame de Maintenon, lorf-
que jeune encore elle faifoit le charme
de Paris, avant qu'elle habitât la
Cour, & fût condamnée à la fortune
& à l'ennui (1).

_____

(1) Dans le nombre des femmes que je
viens de citer, on diftinguera toujours Madame
de la Fayette & Madame de Sevigné. Madame
de la Fayette fi connue par des romans ingénieux & pleins d'une fenfibilité douce, joignoit
une raifon folide à tous les agrémens du caractère & de l'efprit. C'eft elle, qui la première, a
mis dans les romans, les fentiments à la place
des aventures, & des hommes aimables au lieu

La plúpart de ces femmes furent
célébrées par des Poëtes, qui pour leur
plaire fçavoient prendre leur ton. On
remarque que dans tous les vers de
Boileau , il ne fe trouve pas le nom

---

des héros. Elle fit dans fon genre , ce que
Racine fit dans le fien. En fubftituant l'intérêt
aux prodiges , elle prouva qu'il valoit mieux
attendrir qu'étonner.

Madame de Sevigné avec des lettres écrites
au hafard, a fait fans y penfer un ouvrage enchanteur. Dans fon ftyle plein d'imagination
elle crée prefque une langue nouvelle. Elle jette
à tout moment, de ces expreffions que l'efprit
ne fait pas, & qu'une ame fenfible feule peut
trouver. Elle donne aux mots les plus com-
muns, une phyfionomie & une ame. Tous fes
tours de phrafe font des mouvements, mais des
mouvements abandonnés, & qui n'en ont que plus
de graces. Les moments qu'elle péint fe fixent
fous fon pinceau; & on les voit encore. Comme
elle s'accufe, fe loue, fe plaint! Comme fa joie eft
douce, & fa trifteffe a de charmes! Comme elle
intéreffe toute la nature à fa tendreffe! S'il y
avoit un être qui ignorât ce que c'eft que fen-

d'une feule femme de fon temps.
Pour mériter fes éloges, il falloit être
Roi, Miniftre, ou Docteur de Sor-
bonne. Mais Lafontaine plus fenfible
& plus doux, a loué prefque toutes
les femmes de la Cour, célèbres par
leurs agrémens ou leur efprit. Il avoit
une ame faite pour les fentir, & le ton
qu'il falloit pour les chanter. Dans
fon abandon & fa pareffe, il fembloit
errer fur tout avec indifférence; mais
il fentoit par inftinct les graces dans
les femmes, comme il les rencontroit
par inftinct dans fes vers. Racine très-
dédaigneux quoique très-courtifan,
& plus porté en général à la fatyre
qu'à l'éloge, n'en a loué que deux,
Madame de Maintenon dans Efther,

fibilité (à-peu-près comme il y a des aveugles
& des fourds de naiffance) & qu'on voulût lui
donner une idée de cette efpèce de fens qu'il
n'a pas, il faudroit lui faire lire les lettres de
Madame de Sevigné.

& Henriette d'Angleterre dans une
dédicace ; mais Racine n'en eſt pas
moins le plus éloquent Panégyriſte
des femmes , qu'il y ait eu. Quinaut
ſans en avoir peut-être chanté aucune,
les a de même célébré toutes. Il a fait
pour elles un monde exprès & qui
ſubſiſte encore , où il n'y a d'autres
mœurs que celles de l'ancienne Chevalerie , où les dieux, les héros &
les hommes ſont tous amans par devoir, & où ſous peine de ridicule ,
il eſt défendu de penſer , de chanter , de combattre , de vivre , de
mourir, & de monter aux cieux , ou de
deſcendre aux enfers, que pour une
femme.

Fléchier & Boſſuet en ont immor-
taliſé quelques-unes. Ils ont célébré
des vertus, comme les autres ont célébré des agréments. Mais ſi l'oraiſon
funèbre eſt de tous les ouvrages celui
peut-être qui eſt le moins propre à
peindre un caractère, même dans un

homme, parce qu'il faut prefque toujours exagérer les proportions; qu'on
a un cadre immenfe, & qu'on veut le
remplir; qu'il y a des qualités qu'il
faut taire; qu'il faut quelquefois fuppofer des motifs, où il n'y en a point;
qu'il faut fupprimer les détails, qui
cependant peignent mieux que les
maffes; qu'il faut donner à celui qu'on
loue en pompe, un caractère général,
& une phyfionomie qui foit une, &
que fouvent il n'en a point eue; enfin
parce qu'il faut faire une figure de
repréfentation , & qu'une figure de
repréfentation n'eft prefque jamais
une figure vraie : à plus forte raifon,
ce genre eft-il moins propre à bien
rendre l'efpèce de mérite d'une femme. Leurs traits font trop délicats &
trop fins; ils échappent à ce pinceau.
Auffi prefque toutes les oraifons funèbres de femmes ne peignent rien,
& ce font plutôt des fermons que des
portraits. Boffuet en a deux célébres;

mais la beauté de l'une tient à de
grands événements , & à un trône
renverfé ; celle de l'autre , à une
mort tragique & terrible. De quatre
que Fléchier a faites , la meilleure
fans contredit eft celle de Madame
de Montaufier , mais a-t-il pu la
peindre (1)? Apprend-t-on là, ce qu'on

---

(1) Madame de Montaufier , connue avant
fon mariage fous le nom de *Julie d'Angennes* ,
étoit fille de la célèbre Marquife de Rambouillet ; elle fut dans fon enfance prodigieufement
louée par tous les beaux efprits du temps. On
connoît l'hiftoire *de la guirlande de Julie*. C'é-
toient les plus belles fleurs peintes fur velin ,
& au bas de chacune , un madrigal, compofé
par les hommes les plus célèbres du fiécle. Le
grand Corneille en fit trois pour fa part; &
l'Auteur du Cid , de Rodogune , & de Cinna,
compofa *la tulipe , la fleur d'orange* & *l'immor-
telle blanche*. Fléchier dans fon oraifon funèbre,
ne peut ni ne doit peindre cette efpèce de galanterie d'efprit , qui faifoit le caractère de ces
temps-là. Il ofe parler de l'hôtel de Ram-
buillet ; mais comment ? il nous parle de *ca-*

fçait par les anecdotes du temps, que
la grande réputation d'efprit qu'eut
Madame de Montaufier dans fa jeuneffe, vint de ce que Voiture chez fa
mère lui compofoit fes lettres? Ap-
prend-on là enfin, que dès qu'elle
fut à la Cour, elle oublia tous fes
amis, & que ce fut pour elle que le
Duc de la Rochefoucault fit cette
maxime, *qu'il y a des gens qui pa-
roiffent mériter de certaines places,
dont ils font voir eux-mémes qu'ils*

---

*binets où l'efprit fe purifioit, de la vertu qu'on
y révéroit fous le nom de l'incomparable Arténice;
enfin d'une cour nombreufe fans confufion, mo-
defte fans contrainte, fçavante fans orgueil, polie fans affectation.* Ces antithèfes font très-
belles fans doute, mais font-elles bien connoître ce dont il s'agit? Peignent-elles le genre
d'éducation bon ou mauvais qu'une jeune perfonne devoit recevoir, parmi tant de differtations & de vers, de métaphyfique & d'efprit,
entre Mademoifelle de Scudery & Madame de
Longueville, entre Sarrazin & Voiture?

font indignes dès qu'ils y font par-
venus. Au lieu de tout cela, Fléchier
fidèle à fa divifion & à la chaire, eft
obligé de mettre des antithèfes, des
phrafes & des vertus.

Après toutes ces femmes louées
avec légéreté par des Poëtes, ou gravement & avec pompe par des Orateurs, il y en eut encore deux, qui
dans un rang & un ordre différent, parvinrent néanmoins à la plus
grande célébrité ; l'une eft Mademoifelle de Scudery fi fameufe alors,
& qui vécut quatre - vingt - quinze
ans, dont elle paffa plus de foixante
à écrire avec grace quelques jolis
vers dont on fe fouvient, & avec une
effrayante facilité, de gros volumes
qu'on ne lit plus. On fçait que pendant un temps elle tourna les têtes,
& qu'elle eut autant d'influence par
fes romans, que Boileau en eut depuis
par fes fatyres & par fon goût. L'autre
eft la fçavante Mademoifelle le Feb-

vre, si connue sous le nom de Madame
Dacier. Son mérite, il est vrai, n'étoit
point un mérite de femme, mais elle
avoit de bonne heure pris son parti
de n'être qu'un homme ; & quoique
ce ne fut point à la manière de Ninon,
elle ne laissa pas que de faire des en-
thousiastes. Ses deux langues naturelles étoient celles de Térence &
d'Homère ; aussi recevoit-elle souvent
des Madrigaux Grecs & Latins. Les
personnes les plus sçavantes de l'Europe conspirèrent à la louer. Enfin la
Mothe la chanta, la Mothe si connu
par ses démêlés littéraires avec elle,
où tous deux avoient changé de
rôle (1). Il prononça en son honneur
dans l'Académie Françoise, une de ces

_____

(1) On sçait que dans sa dispute sur Homère, il mit tout l'esprit & toutes les graces
d'une femme, tandis qu'elle y mettoit toute
l'érudition, & quelquefois un peu de l'excès
de force d'un homme.

odes raifonnables & fenfées qu'il fça-
voit fi bien faire. Cet hommage public honoroit à la fois la Mothe, les
femmes & les Lettres.

Je ne dirai rien des autres femmes
qui écrivirent à-peu-près dans le
même temps. Ce catalogue fe trouve
par-tout; d'ailleurs je ne parle ici que
des femmes dont l'ame & l'efprit ont
eu un caractère, & qui peuvent fervir à faire connoître les idées ou les
mœurs de leur fiècle. C'eft ici un
tableau & non pas une hiftoire.

Le réfultat des mœurs & du caractère général des femmes fous
Louis XIV, fut donc la volupté unie
à la décence, de l'activité tournée
vers les intrigues, peu de connoiffances, beaucoup d'agrémens, une
politeffe fine, un refte d'empire fur
les hommes, le refpect pour toutes
les idées religieufes qui fe mêloit à
cette coquetterie de mœurs, & toujours le remord à côté ou à la fuite
de l'amour.

Sous la régence il se fit une révolution. Les dernières années de
Louis XIV , avoient répandu à la
Cour & sur une partie de la nation,
je ne sçais quoi de plus sérieux & de
plus triste. Dans le fond les penchans
étoient les mêmes ; mais ils étoient
plus réprimés. Une nouvelle Cour &
de nouvelles idées changèrent tout.
Une volupté plus hardie devint à la
mode. On mit de l'audace & de l'impétuosité dans ses desirs ; & l'on dé-
chira une partie du voile qui couvroit
la galanterie. La décence qui avoit
été respectée comme un devoir ,
ne fut pas même gardée comme un
plaisir. On se dispensa réciproque-
ment de la honte. La légèreté se
joignit à l'excès ; & il se forma une
corruption toute à la fois profonde
& frivole, qui pour ne rougir de rien,
prit le parti de rire de tout.

Les bouleversements des fortunes
précipitèrent ce changement. L'ex-

trême misère & l'extrême luxe en
furent les suites; & on sçait leur influence. Rarement chez un peuple,
est-il arrivé une secousse rapide dans
les propriétés, sans une prompte al-
tération dans les mœurs.

Depuis plus de six siècles, la galanterie faisoit le caractère de la nation; mais l'esprit de Chevalerie toujours mêlé à ce sentiment, cet esprit
inséparable de l'honneur, faisoit du
moins que la galanterie ressembloit
à l'amour, & que le vice avoit toute
la vertu dont le vice est susceptible.
Mais quand il resta peu de traces de
cet honneur antique, la galanterie
même y perdit; elle devint un sentiment vil qui supposa toutes les foiblesses, ou les fit naître (1).

_____

(1) L'esprit de Chevalerie avoit long-temps
survécu aux usages, aux loix, aux institutions,
au genre de gouvernement même qui l'avoit
fait naître. On en voit encore une empreinte

Dans le même temps, & par cette
pente générale qui entraine tout, le
goût de la société des femmes augmenta. La séduction plus aifée, offrit
par-tout plus d'efpérances. Les hommes vécurent moins enfemble ; les
femmes moins timides s'accoutumè-
rent à fecouer une contrainte qui les
honore. Les deux fexes fe dénatu-
rèrent ; l'un mit trop de prix aux
agrémens, l'autre à l'indépendance.

Comme on s'attachoit plus à deve-
nir homme de société que citoyen,
on entra beaucoup plutôt dans le
monde. Les jeunes gens gâtés par les
femmes, joignirent enfemble les défauts de leur âge, & ceux de leurs
fuccès. Ayant en général plus de paffions que d'idées, la tête vuide &

---

marquée, dans les premiers ouvrages du fiècle
de Louis XIV, & dans les premières fêtes qu'il
donna à fa Cour. On ne peut douter que cet
efprit n'ait prolongé les mœurs.

l'ame

l'ame ardente, inconſtans par vanité, ou multipliant leurs goûts par ennui, mettant peu de prix à l'opinion, qui pour eux n'exiſte pas encore, ils donnèrent à un grand nombre de femmes leurs vices & leurs travers.

Alors le poids du temps, le déſir de plaire, dut répandre de plus en plus l'eſprit de ſociété ; & l'on dut venir au point où cette ſociabilité pouſſée à l'excès, en mêlant tout, acheva de tout gâter; & telle eſt peut-être l'époque où nous ſommes.

Chez un peuple où l'eſprit de ſociété eſt porté auſſi loin, on ne doit plus connoître la vie domeſtique. Ainſi tous les ſentiments de la Nature qui naiſſent dans la retraite, & qui croiſſent dans le ſilence, y doivent être affoiblis. Les femmes y doivent donc être moins épouſes & mères.

Les mœurs dirigent plus les préjugés, que les préjugés encore ne

N

dirigent les mœurs. On doit donc renvoyer la fidélité des mariages au peuple, les sacrifices de l'amitié aux bonnes gens, l'enthousiasme de l'amour aux Paladins. Ces sentiments sont trop exclusifs ; qu'en feroit-on ? Ils donnent à un seul, ce qui doit être à tous.

Plus le lien général s'étend, plus tous les liens particuliers se relâchent. On paroît tenir à tout le monde, & l'on ne tient à personne. Ainsi la fausseté s'augmente. Moins on sent, plus il faut paroître sentir.

Par un contraste bizarre, on s'extasie au mot de sentiment ; & tout sentiment vrai & profond est un ridicule. Peut-être croit-on, que ce qu'on ne sent pas, n'existe point. Peut-être se rend-on assez de justice pour voir qu'on n'a point droit à un sentiment plus réel ; celui qui le donne, au lieu de paroître sensible, ne paroît plus qu'une dupe.

Jamais le mot de *romanesque* ne
dut être si à la mode. Ce mot satisfait
doublement la vanité. Il dispense de
l'estime pour des vertus qu'on n'a
point ; il dispense de rougir pour des
vices ou des foiblesses qu'on a. Il nous
rend encore très-contents de nos lumières. Nous croyons avoir tout ap-
précié , & voir supérieurement ce
qu'est l'homme & ce qu'il peut être.

On doit parler beaucoup de plaisir , & il ne doit être nulle part. L'ame
se précipite sur les objets , quand il
faudroit s'en tenir à une certaine dis-
tance. L'imagination nous laisse froids,
parce qu'elle n'a plus rien à créer ;
on a perdu les illusions.

Ce vuide qu'on éprouve, & le défaut d'énergie dans l'ame , ont dû
créer *l'amusement* ; mot des esprits
froids & des ames légères ; mot de-
venu important , & qui devroit être
ridicule par le sérieux qu'on y met ;
mot qui suppose qu'on n'est plus rien

par les vertus , & peut-être par les
fens.

Cet amufement, ce je ne fçais quoi
qui ne tient ni à l'imagination , ni à
l'efprit, ni à l'ame , & ne confifte peut-
être que dans des formes , étant le
feul but , tout doit s'y rapporter. Les
agréments font fuppofer les vertus,
font pardonner les vices. Prefque perfonne n'a plus la hardieffe de mépri-
fer ce qui eft vil, quand ce qui eft vil
en impofe par les graces. L'efprit ne
voit que de petits côtés ; l'ame fe
refferre , & fe replie autour de petites
chofes : plaire ou déplaire deviennent
les grands mots de la langue.

Comme on eft fans ceffe en fpectacle, l'amour-propre plus irrité doit
être plus vif; mais ce même goût de
fociété qui l'irrite , fçait l'arrêter. Il
s'étouffe , il renaît; il laiffe échapper
fon fecret à demi , & le retient. C'eft
une lutte où il tâche fans ceffe de
vaincre fans avoir l'air de combattre,

& où il déguife fes efforts, pour ne pas faire foupçonner fes droits.

De tout cela enfemble doit naître chez les deux fexes une frivolité inquiète, & une vanité férieufe & occupée. Mais ce qui doit fur-tout caractérifer les mœurs , c'eft la fureur de paroître, l'art de tout mettre en furface , la grande importance mife à de petits devoirs, & le grand prix à de petits fuccès. On doit parler gravement des bagatelles de la veille, & de celles du lendemain. Enfin l'ame & l'efprit doivent avoir une activité froide, qui les répande fur mille objets fans les intéreffer à aucun , & donne du mouvement fans donner de reffort.

Mais fi le goût des lettres & la manie de l'efprit fe mêle dans le même fiécle, à ce goût actif de fociété, de ce mêlange doivent réfulter d'autres effets. Alors doit régner un defir général de paroître inftruit, fans qu'on

ait le temps de l'être. Alors on doit
voir des foules de demi-connoiſſances;
des idées philoſophiques, que de leur
retraite jettent quelques hommes de
génie, & que la multitude va s'arra-
chant, ſe diſputant, répétant & épar-
pillant dans des cercles; des conver-
ſations légères ſur des objets pro-
fonds; des formules d'eſprit toutes
faites, & de l'eſprit de mémoire,
quand on n'en peut avoir à ſoi; des
établiſſements & des chocs de ſociétés; des prétentions de toute eſpèce & de tout caractère, des prétentions hardies, des prétentions froides
& hautes, des prétentions circonſ-
pectes & qui ſe tiennent ſur la ré-
ſerve; la fureur des réputations, quelques-unes de réelles, beaucoup plus
d'uſurpées; l'intrigue, les ménagements, les petits ſoins; enfin l'art
de louer pour ſe faire louer; l'art de
joindre un mérite étranger au ſien,
& d'intéreſſer la renommée ou par ſoi-
même, ou par les autres.

(199)

Comme la maſſe générale des lumières eſt plus grande, & que par le
mouvement elles ſe communiquent,
les femmes ſans ſe donner même aucune peine, doivent être plus inſ-
truites; mais fidèles à leur plan, elles
ne cherchent les lumières, que comme
une parure de l'eſprit. En apprenant
elles veulent plaire plutôt que ſçavoir, & amuſer plutôt que s'inſtruire.

D'ailleurs dans un état de ſociété
où il y a un mouvement rapide, &
une ſucceſſion éternelle d'ouvrages
& d'idées, les femmes occupées à
ſuivre ce tableau qui change & fuit
ſans ceſſe autour d'elles, doivent plus
connoître dans chaque genre l'idée
du moment, que celle de tous les
temps, & celle qui domine, que celle
qu'on doit ſe former. Elles doivent
donc ſçavoir plus la langue des arts
que leurs principes, & avoir plus
d'idées de détail, que de ſyſtêmes de
connoiſſances.

Il me semble que dans le seizième siècle, les femmes s'instruisoient par enthousiasme pour les connoissances mêmes. C'étoit en elles un goût profond qui tenoit à l'esprit du temps , & se nourrissoit jusques dans la solitude. Dans celui-ci c'est moins un goût réel , qu'une coquetterie d'esprit ; & comme sur tous les objets , un luxe, plus de représentation que de richesse.

Par la même raison , plus de femmes autrefois durent avoir le courage d'écrire. Qu'ont-elles besoin de ce mérite ? Les hommages viennent les chercher sans peine. La jouissance de tous les instants les dédommage de cette gloire qui les feroit vivre où elles ne sont pas. Chaque jour finit pour elles les prétentions de chaque jour. Mille intérêts se mêlent à celui de leur esprit. Leurs idées volent sur un objet , & passent rapidement à un autre. Le mouvement général les entraîne. D'ailleurs un esprit qui a des

graces naturelles , n'eſt dans ſa force
que lorſqu'il eſt libre. Avec le don de
plaire il embellit tout; mais content
de ces ſuccès, & timide par ces ſuccès même , il préfére une exiſtence
d'opinion à une exiſtence réelle , &
craint de donner ſa meſure à l'envie (1).

Il feroit peut-être curieux d'examiner maintenant ce qui doit réſulter
parmi nous , de tout ce mélange de
mouvement & d'idées, de frivolité &
d'eſprit , de philoſophie dans la tête
& de liberté dans les mœurs. Il ſeroit curieux de comparer le caractère
actuel des femmes avec celui qu'elles
ont eu dans toutes les époques; avec

_____

(1) Ce n'eſt pas que dans ce ſiécle, il n'y
ait des femmes qui ayent écrit, & qui écrivent
encore avec diſtinction ; elles ſont connues :
mais leur nombre diminue tous les jours ; &
il y en a infiniment moins qu'il n'y en eût à
la renaiſſance des lettres, & ſous Louis XIV
même.

leur timide réserve , & leur douce
modeſtie en Angleterre ; leur mêlange de dévotion & de volupté en
Italie ; leur imagination ardente &
leur ſenſibilité jalouſe en Eſpagne ;
leur profonde retraite à la Chine , &
les barrières , qui depuis quatre mille
ans dans cet empire les ſéparent des
regards des hommes ; enfin avec le
caractère & les mœurs qui doivent
réſulter pour elles de leur clôture
dans preſque toute l'Aſie , où n'exiſ-
tant que pour un ſeul , ne pouvant
cultiver ni leur caractère , ni leur
raiſon , & deſtinées à n'avoir que des
ſens , elles ſont forcées par la bizar-
rerie de leur état , à joindre la pudeur à la volupté , & la coquetterie
à la retraite : mais pour faire ce parallèle , il ſuffit de l'indiquer.

J'obſerverai ſeulement que dans ce
ſiècle , il y a moins d'éloges de femmes que jamais. La triſte dignité des
panégyriques funèbres , n'eſt preſque

plus réfervée que pour les femmes
qui ont occupé, ou étoient deftinées
à occuper des trònes. Les Orateurs
philofophes ne célébrent que ce qui
a été utile à l'humanité entière, ou à
des nations. Les Poëtes femblent
avoir perdu cette galanterie délicate
qui fit long-temps leur caraɛère. Ils
chantent plus les plaifirs, que l'amour,
& font plus voluptueux que fenfibles.
Ce goût général pour les femmes,
qui n'eft ni amour, ni paffion, ni
galanterie même, mais l'effet d'une
habitude froide & faɛice, ne réveille
plus nulle part ni l'imagination ni
l'efprit. Dans les fociétés, dans ce mêlange éternel des fexes, on apprend
à louer moins, parce qu'on apprend
à être plus févère. L'amour-propre,
juge & rival, quelquefois indulgent
par orgueil, mais prefque toujours
cruel par jaloufie, n'a jamais été plus
vigilant à épier des défauts & à femer
des ridicules. L'éloge eft produit par

l'enthoufiafme ; & jamais dans aucun
fiécle on n'en eut moins , quoique
peut-être on en affecte plus. L'enthoufiafme naît d'une ame ardente , qui
crée les objets au lieu de les voir.
Aujourd'hui on voit trop : & à force
de lumières , on voit tout froidement.
Le vice même eft au rang des prétentions. Moins on eftime les femmes , plus on paroît les connoître.
Chacun a l'orgueil de ne pas croire
à leurs vertus ; & tel qui voudroit
être fat & qui ne peut y réuffir, en
difant du mal d'elles , s'énorgueillit
fouvent d'une fatyre, que, pour com-
ble de ridicule , il n'a pas droit de
faire. Tel eft à l'égard des femmes
même , l'influence de cet efprit général de fociété qui eft leur ouvrage,
& qu'elles ne ceffent de vanter. Elles
font comme ces Souverains de l'Afie
que l'on n'honore jamais pius que
lorfqu'on les voit moins: en fe com-
muniquant trop à leurs fujets, elles les
ont encouragés à la révolte.

Cependant malgré nos mœurs &
nos éternelles fatyres, malgré notre
fureur d'être eftimé fans mérite, &
notre fureur plus grande encore de
ne trouver rien d'eftimable , il y a
dans ce fiècle , & dans cette capitale
même, des femmes qui honoreroient
un autre fiècle que le nôtre. Plufieurs
joignent à une raifon vraiment cul-
tivée une ame forte , & relévent par
des vertus , leurs fentiments de courage & d'honneur. Il y en a qui pourroient penfer avec Montefquieu, &
avec qui Fénelon aimeroit à s'attendrir. On en voit qui dans l'opulence,
& environnées de ce luxe qui force
prefque aujourd'hui de joindre l'ava-
rice au fafte , & rend les ames à la
fois petites, vaines & cruelles, féparent tous les ans de leurs biens une
portion pour les malheureux, connoiffent les afyles de la mifère , &
vont rapprendre à être fenfibles en y
verfant des larmes. Il y a des époufes

tendres, qui jeunes & belles, s'hono-
rent de leurs devoirs, & dans le plus
doux des liens offrent le spectacle
ravissant de l'innocence & de l'amour.
Enfin il y a des mères qui osent être
mères. On voit dans plusieurs mai-
sons la Beauté s'occupant des plus
tendres soins de la nature, & tour-à-
tour pressant dans ses bras ou sur
son sein le fils qu'elle nourrit de son
lait , tandis que l'époux en silence
partage ses regards attendris entre le
fils & la mère.

Oh ! si ces exemples pouvoient ramener parmi nous la nature & les
mœurs ! Si nous pouvions apprendre
combien les vertus pour le bonheur
même, sont supérieures aux plaisirs;
combien une vie simple & douce où
l'on n'affecte rien , où l'on n'existe
que pour soi, & non pour les regards
des autres, où l'on jouit tour-à-tour
de l'amitié, de la nature, & de soi-
même , est préférable à cette vie in-

quiète & turbulente, où l'on court sans cesse après un sentiment qu'on ne trouve point ! Ah ! c'est alors que les femmes recouvreroient leur empire. C'est alors que la beauté embellie par les mœurs, commanderoit aux hommes, heureux d'être asservis, & grands dans leur foiblesse. Alors une volupté honnête & pure assaisonnant tous les instants, feroit un songe enchanteur de la vie. Alors les peines n'étant pas empoisonnées par le remords, les peines adoucies par l'amour & partagées par l'amitié, feroient plutôt une tristesse attendrissante, qu'un tourment. Dans cet état la société seroit moins active sans doute, mais l'intérieur des familles seroit plus doux. Il y auroit moins d'ostentation, & plus de plaisir ; moins de mouvement, & plus de bonheur. On parleroit moins de plaire, & l'on se plairoit davantage. Les jours s'écouleroient purs & tran-

quilles : & si le soir on n'avoit pas la
triste satisfaction d'avoir pendant le
cours d'une journée , joué le plus
tendre intérêt avec trente personnes
indifférentes , on auroit du moins
vécu avec celles que l'on aime ; on
auroit ajouté pour le lendemain, un
nouveau charme au sentiment de la
veille. Faut-il qu'une si douce image
ne soit peut-être qu'une illusion ? Et
dans cette société bruyante & vaine,
n'y a-t-il plus d'asyle pour la simpli-
cité & le bonheur ?

Il doit y avoir dans chaque siècle
un caractère distinctif pour le mérite
des femmes ; il consiste à tirer le plus
grand parti des qualités dominantes
dans chaque époque, & à en éviter
les défauts. D'après cela ne pourroit-
on pas dire que la femme estimable
du siècle, seroit celle qui en prenant
dans le monde tous les charmes de
la société , c'est-à-dire le goût , la
grace & l'esprit, auroit sçu en même-
temps

temps fauver fa raifon & fon cœur
de cette vanité froide, de cette fauffe
fenfibilité, de ces fureurs d'amour-
propre, & de tant d'affeĉtations qui
naiffent de l'efprit de fociété pouffé
trop loin ; celle qui affervie malgré
elle aux conventions & aux ufages
(puifqu'ils font partie de notre fa-
geffe) ne perdroit point de vue fa
nature, & fe retourneroit encore
quelquefois vers elle, pour l'honorer
du moins par fes regrets ; celle qui
entraînée par le mouvement général,
fentiroit encore le befoin de fe repofer de temps en temps auprès de
l'amitié; celle qui par fon état forcée
à la dépenfe & au luxe, choifiroit du
moins des dépenfes utiles, & affocie-
roit l'indigence induftrieufe & honnête à fa richeffe; celle qui en cultivant la philofophie & les lettres, les
aimeroit pour elles-mêmes, non pour
une réputation vaine & frivole ; qui
dans l'étude des bons livres cherche-

O

roit à éclairer fon efprit par la vérité ;
à fortifier fon ame par des principes ,
& laifferoit là le jargon, l'étalage &
les mots ; celle enfin , qui parmi
tant de légereté auroit un caractère ;
qui dans la foule auroit confervé une
ame; qui dans le monde oferoit avouer
fon ami , après l'avoir entendu ca-
lomnier; qui oferoit le défendre, quand
il devroit jamais n'en rien fçavoir ;
qui ne ménageroit point un homme
vil , quand par hazard il auroit du
crédit & une voix, mais qui au rifque
de déplaire fçauroit dans fa maifon
& hors de chez elle , garder fon eftime à la vertu , fon mépris au vice,
fa fenfibilité à l'amitié , & malgré l'envie d'avoir une fociété étendue, au milieu même de cette fociété , auroit le
courage de publier une façon de penfer
fi extraordinaire , & le courage plus
grand de la foutenir ?

APPROBATION.

J'AI lu, par ordre de Monfeigneur le Chancelier, un Manufcrit intitulé, *Effai fur le caractère, les mœurs & l'efprit des femmes dans les différens fiècles*, & je n'y ai rien trouvé qui m'ait paru devoir en empêcher l'impreffion. A Paris, ce 16 Avril 1771.   DUCLOS.

PRIVILÉGE DU ROI.

LOUIS, PAR LA GRACE DE DIEU, ROI DE FRANCE ET DE NAVARRE : A nos amés & féaux Confeillers, les gens tenans nos Cours de Parlement, Maîtres des Requêtes ordinaires de notre Hôtel, Grand-Confeil, Prevôt de Paris, Baillifs, Sénéchaux, leurs Lieutenans Civils, & autres nos Jufticiers qu'il appartiendra ; SALUT. Notre amé le fieur THOMAS, de l'Académie Françoife, Nous a fait expofer qu'il défireroit faire imprimer & donner au Public, *les Eloges & difcours de fa compofition qui ont déja paru, fuivi d'un Effai fur le caractère, les mœurs & l'efprit des femmes*, &c. s'il Nous plaifoit lui accorder nos Lettres de Privilége pour ce néceffaires. A CES CAUSES, voulant favorablement traiter l'Expofant, Nous lui avons permis & permettons par ces Préfentes de faire imprimer ledit Ouvrage autant de fois que bon lui femblera, & de le faire vendre, & débiter partout notre Royaume, pendant le temps de fix années confécutives, à compt.... ir de la date des Préfentes. Faifons défenfes à ..... rimeurs, Libraires, & autres perfonnes, de quelque qualité & condition qu'elles foient, d'en int.....é d'impreffion étrangère dans aucun lieu de notre obéiffance. Comme auffi d'imprimer, ou faire imprimer, vendre, faire vendre, débiter ni contrefaire ledit Ouvrage, .. 'en faire aucuns Extraits, fous quelque prétexte ..... muiffe être, fans la permiffion expreffe & par écrit dudit Expofant, ou de ceux qui auront droit de lui, à peine de confifcation des Exemplaires contrefaits, de .... is mille livres d'amende contre chacun des contrevenans, dont un tiers à Nous, un tiers à l'Hôtel-Dieu de Paris, & l'autre tiers audit Exposant ; ou à celui qui aura droit de lui, & de tous dépens, dommages & intérêts. A la charge que ces présentes seront enregistrées tout au long sur le Registre de la Communauté des Imprimeurs & Libraires de Paris, dans trois mois de la date d'icelles : que l'impression dudit Ouvrage sera faite dans notre Royaume, & non ailleurs, en beau papier & beaux caractères, conformément aux Réglemens de la Librairie, & notamment à celui du 10 Avril 1725, à peine de déchéance du présent Privilége ; qu'avant de l'exposer en vente, le Manuscrit qui aura servi de copie à l'impression dudit Ouvrage, sera remis dans le même état où l'Approbation y aura été donnée, es mains de notre très-cher & féal Chevalier, Chancelier, Garde des Sceaux de France, le sieur DE MAUPEOU ; qu'il en sera ensuite remis deux Exemplaires dans notre Bibliothèque publique, un dans celle de notre Château du Louvre, & un dans celle dudit sieur DE MAUPEOU ; le tout à peine de nullité des Présentes. Du contenu desquelles vous mandons & enjoignons de faire jouir ledit Exposant & ses ayant causes, pleinement & paisi-blement, sans souffrir qu'il leur soit fait aucun trouble ou empêchement. Voulons qu'à la copie des Présentes, qui sera imprimée tout au long, au commencement ou à la fin dudit Ouvrage, soit tenue pour duement signifiée, & qu'aux copies collationnées par l'un de nos amés & féaux Conseillers-Secrétaires, foi soit ajoutée comme à l'original. Commandons au premier notre Huissier ou Sergent sur ce requis, de faire pour l'exécution d'icelles tous actes requis & nécessaires, sans demander autre per-mission, & nonobstant clameur de Haro, Charte Nor-mande, & Lettres à ce contraires. Car tel est notre plai-sir. Donné à Versailles, le trente-unième jour du mois de Décembre, l'an de grace mil sept cent soixante-onze, & de notre Régne le cinquante-septieme : Par le Roi en son Conseil. LE BEGUE.

Registré sur le Registre XVIII. de la Chambre Royale & Syndicale des Libraires & Imprimeurs de Paris, n°. 1304. fol. 589. conformément au Réglement de 1723, qui fait défenses, article XLI, à toutes personnes de quelques qualités & conditions qu'elles soient, autres que les Libraires & Imprimeurs, de vendre, débiter, faire afficher aucuns Livres pour les vendre en leurs noms, soit qu'ils se disent les Auteurs ou autrement : & à la charge de fournir à la susdite Chambre neuf exemplaires prescrits par l'article CVIII. du même Réglement. A Paris, ce 22 Janvier 1772.
J. HERISSANT, *Syndic.*

www.ingramcontent.com/pod-product-compliance
Lightning Source LLC
Chambersburg PA
CBHW062225270326
41930CB00009B/1872